ExLibris
_____
_____

ISBN 978-3-649-64150-6

© 2022 Coppenrath Verlag GmbH & Co. KG,
Hafenweg 30, 48155 Münster, Germany
© an den Texten bei Hans Kruppa 2022
Überarbeitete Neuausgabe
Grafische Gestaltung Cover: Tina Defaux
Grafische Gestaltung Innenteil: Daniela Lengers

Alle Rechte vorbehalten, auch auszugsweise

www.coppenrath.de

Hans Kruppa

Das Leben hat täglich Geburtstag

Gedichte, Märchen & Gedanken

COPPENRATH

Inhalt

I.	Zauber ist überall – Gedichte	5
II.	Der unsichtbare Berg – Ein Märchen	25
III.	Das eigentliche Leben – Gedanken	45
IV.	Der gefundene Schatz – Ein Märchen	65
V.	Wege ins Freie – Gedichte	81
VI.	Das Herz eines Engels – Ein Märchen	101
VII.	Die Kraft der Weisheit – Gedanken	119
VIII.	Die Stimme der Seele – Ein Märchen	137
IX.	Im Licht des Verstehens – Gedichte	155
	Textverzeichnis	177
	Der Autor	183

I.

Zauber ist überall

Gedichte

Entlastungsvorschlag

Warum so viel
dem Zufall überlassen?
Der ist ohnehin überlastet
von der Unzahl
unerfüllter Sehnsüchte.

Wenn wir endlich
all das Schöne tun,
wovon wir nur
zu träumen wagen,
wird es traumhaft schön
zwischen uns zugehen.

Fall nicht

Fall nicht
vom Rücken des Lebens,
wenn es vorwärtsschnellt.
Halt dich gut fest,
laß dich nicht abwerfen
im Galopp der Ereignisse,
halte das Gleichgewicht
und lerne,
die Bewegung zu genießen –

und wenn du fällst,
wenn du im Staub liegst
mit zerbrochener Philosophie
und Sand in den Augen,
und alle deine Rufe
ins Leere gehen,
denk daran:
Das ist der Moment,
in dem die Kunst des Reitens anfängt.

Spring wieder auf
und lerne zu lächeln
wie die tanzenden Artisten
auf ihren Pferden
unter der Zirkuskuppel.
Du bist dein eigenes Publikum,
dein eigenes Pfeifkonzert,
dein eigener Applaus.
Das Leben belohnt
deine Erfolge
mit Zugaben.

Morgenlied

Laß blauen Himmel
über uns leuchten,
laß unser Lebensgefühl steigen –
wie den Ballon dort überm See.

Wir sind zu gewichtig –
mit unseren Sandsäcken
voller Sorgen und Probleme,
unsere Ängste wiegen viel zu schwer,
halten uns fest am Boden.

Flöße uns Anmut ein,
laß uns die Schwerkraft
auf die leichte Schulter nehmen
und auf der Luft spazierengehen.

ÜBERLEGUNGEN

Wer so lachen kann wie du,
sollte eine Sprache erfinden,
die alle Welt versteht.

Wer so weinen kann wie du,
sollte allabendlich im Fernsehen
die Nachrichten verlesen.

Wer so schweigen kann wie du,
sollte den Mund
nur noch zum Küssen öffnen.

Wer so leiden kann wie du,
sollte Mutter Erde um Verzeihung bitten
für die Zerstörungswut der Menschenkinder.

Wer so lieben kann wie du,
sollte immer dort sein,
wo die Angst am größten ist.

Vom Suchen und Finden

Die Sonne strahlt,
du gehst am Flußufer entlang –
und aus heiterem Himmel fliegt
dir ein lang gesuchtes Lebensgefühl zu,
das dich zum Lächeln bringt.

Und du fragst dich,
was die ganze Suche soll,
wenn das Finden
sich nirgendwo versteckt.

Gib gut auf deine Träume acht

Gib gut
auf deine Träume acht,
ohne sie bist du
verraten und verkauft.
Gib ihnen nur das Beste,
lies ihnen jeden Wunsch
von den Augen ab –
und laß sie niemals warten.
Halt warme Kleidung
stets für sie bereit,
wenn sie spazieren wollen
in der Weltgeschichte,
in der es für sie,
selbst im Hochsommer,
oftmals schneit.

Gib gut
auf deine Träume acht,
sonst fliegen sie davon.
Und mit ihnen
deine Flügel.

Schönwetterworte

Schönwetterworte
kommen herangeflogen
wie Zugvögel aus dem Süden.
Jetzt ist es warm genug,
sich niederzulassen,
sagen sie,
landen auf dem Papier
mit eleganter Sicherheit.

Ganz außer Atem
erzählen sie von fernen Ländern,
untergegangenen Träumen
und prophezeien
einen heißen Sommer.
Wer sie liest,
bekommt Fernweh,
hält erschreckt den Atem an
oder deckt sich mit
dünnen Hemden ein.

Hier sitzen sie
und sonnen sich
in unserer Aufmerksamkeit.

Ausgesperrt

Der Vogel da über dem See
hat heute mehr Ahnung
vom Leben als ich
mit meiner vergeblichen Angelei
nach einem besseren Lebensgefühl.
Jetzt versuche ich,
wenigstens ein Gedicht
an Land zu ziehen,
aber der Wind weht
meine leichtesten Gedanken davon,
ehe ich sie festhalten kann,
und die Sonne meint es zu gut.
Ja, wenn ich fliegen könnte
wie dieser Vogel über dem See,
würde ich keine Gedichte mehr schreiben,
ich wäre ständig unterwegs
und immer zu Hause.
Ich würde nie wieder
ohne Schlüssel
vor der eigenen Tür stehen.

Die Angst vorm Fliegen

Die größte Feindin der Liebe,
der Erkenntnis und der Weisheit
ist die Angst vor dem Neuen,
dem Unbekannten, Unberechenbaren –
also letztlich vor dem Leben.

Doch welchen Sinn hat es,
Angst vor dem zu haben,
was uns geboren hat
und was uns sterben läßt?

Kein Vogel hat Angst vorm Fliegen.
Deine Seele will fliegen, muß fliegen,
um sich nicht selbst zu vergessen.
Hindere sie nicht daran
mit deiner Angst vorm Absturz,
sonst verkümmern ihre Flügel.

Und du wirst traurig,
ohne zu wissen warum.

Lernziel

Die Blumen
an meinem Fenster
sind nicht meine Blumen,
sie sind Leben,

und auch das Fenster
gehört nicht mir,
ich schaue nur hindurch

mit geliehenen Augen,
die klar sehen lernen wollen
vor dem Rückgabetermin.

FRAGEN

Bist du still genug,
die Musik des Augenblicks zu hören?
Bist du verspielt genug,
dem Kurs des Schmetterlings zu folgen?
Bist du absichtslos genug,
dich von dir überraschen zu lassen?
Bist du sehnsüchtig genug,
auf die Reise nach innen zu gehen?
Bist du mutig genug,
auf die Berge deiner Möglichkeiten zu steigen?
Bist du spontan genug,
einen Fremden zu umarmen, der kein Fremder ist?
Bist du einfach genug,
einfach nur da zu sein?
Bist du geduldig genug,
noch mehr Fragen anzunehmen?

Bist du frei genug,
dich zu drehen wie der Wind?
Bist du musikalisch genug,
dein eigenes Lied zu singen?

Bist du lieb genug,
um Kinderherzen nicht zu erschrecken?
Bist du lebendig genug,
um keine Angst vorm Tod zu haben?

Habe ich Fragen genug gestellt,
um deine ungestellten Fragen zu beantworten?

Zauber ist überall

Fünf bunte Fische
schwimmen beschaulich
in der Luft herum.
Das ist kein Tagtraum,
sondern ein Mobile,
bewegt von leichtem Luftzug.
Ich liege auf dem Sofa
und schau es lange an,
bis schließlich nichts
mehr existiert als dieses
anmutige, zarte Gleiten
schwebender Bastfische
in warmem Lampenlicht,
das mein Herz
immer leichter macht
und mit seiner sanften Magie
mir aus der Seele spricht.

Zauber ist überall,
wenn ich mir nur
die Zeit nehme,
ihn zu entdecken.

Oasen der Erinnerung

Die üppige Wiese am Hang
im heiteren Maisonnenlicht
mit ihren hohen Grashalmen
und unzähligen Butterblumen,
die der leichte Wind
so anmutig zum Tanzen bringt –
dieses prächtige Grün
voller gelber Punkte
ist nichts als Schönheit.

Es gibt Oasen
in jeder Wüste,
es gibt Idyllen
in jeder Nüchternheit,
es gibt zauberhafte Orte,
an denen man
alles vergessen kann,
was man vergessen muß,
um sich zu erinnern.

Ich habe einen Traum gepflanzt

Ich habe einen Traum gepflanzt
im Garten meiner Lebenslust,
einen Traum aus Liebe,
Phantasie und Zärtlichkeit.
Ich habe ihn besonnt
mit Hoffnung
und ihn begossen
mit meiner Sehnsucht
nach dem Paradies
vor dem Tod.

Die Saat ist aufgegangen,
bunt und zart keimen die Blätter
wie Schmetterlingsflügel
in meinem Gefühl.

Der Traum wird wachsen,
und ich mit ihm.
Ich werde ihm
ein guter Gärtner sein,
ihm geben, was er braucht –
mit liebevoller Hand.

Der Traum wird blühen
in allen Farben der Phantasie,
und sein Duft,
einmal tief eingeatmet,
verwandelt im Nu
Zweifel in Vertrauen,
Angst in Schönheit,
Unbehagen in Gelächter.

Wer schläft
unter dem blühenden Traum,
erwacht als ein Wesen
aus einem ungeschriebenen Märchen,
mit tausendundeinem freien Wunsch,
doch wunschlos glücklich.

Der Traum wird Früchte tragen
mit dem Geschmack
gestillter Sehnsucht,
deren Genuß berauscht und das
Paradies auf Erden öffnet.

Ich habe einen Traum gepflanzt,
den ich schon lange träumte
in den sonnigen
Mußestunden der Seele,
wenn die Wolken verschwinden
und das Herz einen Moment
fassungslos stillsteht
vor der grenzenlosen Weite
seines eigenen Himmels.

II.

Der unsichtbare Berg

Ein Märchen

DER UNSICHTBARE BERG

In einem fernen Land machte in lange vergangenen Zeiten ein junger Mann mit dem Namen Ayron überall von sich reden.

Seine verblüffende Weisheit, seine vertrauenerweckende Ausstrahlung und seine Fähigkeit, den Vorhang des Scheinbaren zurückzuziehen und die Wirklichkeit dahinter sichtbar werden zu lassen, faszinierten die Menschen über alle Maßen. Er zog von Ort zu Ort, und immer mehr Männer und Frauen ließen wie verzaubert alles liegen und stehen und folgten ihm.

Er sprach zu ihnen von der Notwendigkeit, das wahre Leben zu entdecken, das auf jeden Menschen in der Tiefe seiner eigenen Seele wartet. Er redete von der befreienden Kraft der Liebe, von der erhebenden Erfahrung der unmittelbaren Gegenwart und von der Besteigung des unsichtbaren Berges. Seinen Gipfel zu erreichen hieß, zur höchsten Ebene des Bewußtseins zu gelangen, von der aus jeder Blick ins Herz des Lebens traf, jede Tat die richtige und jedes Wort das nötige war, von der aus erst der eigentliche Sinn des Seins erkennbar wurde.

„Ihr seid geboren, um wie Vögel zu fliegen", sagte Ayron seinen Zuhörern, „doch ihr hüpft herum wie Frösche. Ihr solltet arbeiten, um zu leben, doch ihr lebt, um zu arbeiten. Ihr solltet nachts schlafen und am Tag wachen, doch ihr schlaft in der Nacht und ihr schlaft am Tag. Ich möchte euch wecken, denn ich kann nicht mit ansehen, wie ihr eure wertvolle Lebenszeit vergeudet."

Mehr und mehr Menschen schlossen sich Ayron an, gebannt von seinem unvergleichlichen Auftreten und seinen eindringlichen Worten, und suchten seine Nähe, seine Hilfe, seinen Rat. Er nahm sich Zeit für jeden Suchenden, der zu ihm kam, und niemand ging von ihm ohne eine nie zuvor gefühlte tiefe Sehnsucht, die Ayron in ihnen allen auf rätselhafte Weise erweckte.

Keiner konnte sich erklären, wie ein so junger Mann ein derart hohes Maß an Weisheit und Hellsicht erlangt haben konnte. Was immer er auch verkündete, war klar und wesentlich, was immer er auch tat, hatte Anmut und Sinn, und er war zudem ein so guter Zuhörer, daß die Menschen ihm Worte sagten, die sie niemand anderem hätten anvertrauen können. Dabei strahlte er immer Kraft und Heiterkeit aus, nie sah man ihn betrübt, mißmutig oder verstimmt. Er war ein Licht in der Dunkelheit der Welt, um das sich die Menschen scharten.

Sie alle spürten, daß Ayron etwas Wunderbares erlebt hatte, das seine Augen ins Herz der Dinge sehen ließ. Sein offenes Ohr für alle Menschen, sein Verständnis für ihre Sorgen und Nöte, seine die Seele berührenden Antworten auf ihre Fragen machten ihn zu einem Mann, dessen bloße Gegenwart inspirierend und wohltuend wirkte.

Er forderte die Menschen zur Güte, zum Mitgefühl und zur Ehrlichkeit auf. „Wir alle sind Mitglieder einer großen

Familie", sagte er, „und sollen füreinander da sein, anstatt gegeneinander zu arbeiten. Laßt Neid und Mißgunst nie in eure Herzen ein, denn sie vergiften euch und machen euer Leben zur Qual. Gönnt den anderen nicht nur ihre Vorzüge, sondern freut euch mit ihnen, denn hinter dem Vorhang unserer Verschiedenheit sind wir eins, und die Schönheit deiner Schwester ist auch deine Schönheit, wie die Klugheit deines Bruders auch deine Klugheit ist. Wir alle sind kleine Mosaiksteine der Schöpfung, und wenn wir in Harmonie und Weisheit zusammenleben, werden wir einen inneren Reichtum und einen verborgenen höheren Sinn entdecken, der uns sprachlos vor Glück machen wird. Und die Welt wird strahlen im Glanz unserer Einsicht."

„Du sprichst wie ein Dichter", rief ein Mann aus der Menge, „und deine Worte berühren mein Herz. Aber die Welt ist voller Kampf, Krieg und Haß, im großen wie im kleinen. Sie war schon immer so, und nun kommst du und sagst, daß wir einen Ort des Friedens und der Harmonie aus ihr machen sollen. Ich fürchte, so einfach ist das nicht."

„Ich behaupte nicht, daß es einfach ist, aber es ist möglich. Wir haben es nur noch nicht wirklich versucht. Wir leben zu oberflächlich, richten unser Begehren auf fragwürdige Ziele und falsche Werte. Wenn wir uns sammeln, uns auf das Wesentliche konzentrieren und in die Tiefen unserer Seelen tauchen, werden wir unsere Irrtümer erkennen und unsere sinnlosen Kämpfe und Kriege einstellen. Denn wir sind geboren, um einander zu lieben. Der Haß ist eine Krankheit der

Seele – und die Einsicht, daß wir alle Kinder der Schöpfung sind, wie die Wellen Kinder des Meeres sind, ist die Medizin, die den Haß besiegt, Krieg und Kampf beendet und unsere Seelen für immer von der Dunkelheit befreit. Viel zu lange haben wir Geld und Besitz über Liebe und Mitgefühl gestellt. Doch wir haben die Aufgabe, aus den Fehlern unserer Vorfahren zu lernen. Laßt uns heute damit beginnen, unser Leben neu zu gestalten und den Weg ans Licht zu gehen! Wir haben schon zu viel Zeit im Dunkel des Irrtums vergeudet!"

Bald wurde Ayrons Gefolgschaft so groß, daß sie den Argwohn des Landesherrschers Rabaan erregte.

Rabaans General berichtete dem Herrscher, ein junger Mann namens Ayron habe Hunderte von Menschen um sich geschart und ziehe mit ihnen durchs Land. Täglich wachse die Zahl seiner Anhänger. Er spreche zu ihnen vom höchsten Sinn des Lebens, von der Wahrheit hinter dem Anschein und immer wieder von einem angeblich unsichtbaren Berg, den es zu besteigen gelte.

Rabaan überlegte eine Weile und fragte seinen General: „Wo ist dieser Ayron jetzt?"

„Zur Zeit rastet er am Ufer des Grünen Sees. Um ihn herum haben sich Hunderte von Menschen versammelt, und er spricht mit jedem von ihnen wie zu einem Freund. Zwei meiner Kundschafter haben sich unauffällig unter sie gemischt und beobachten sie. Sie verhalten sich allesamt freundlich und friedlich. Manche wirken sogar regelrecht glücklich."

Der Herrscher lachte spöttisch. „Kinder! Die Menschen sind wie Kinder. Sie wollen, daß man ihnen Märchen erzählt, dann sind sie glücklich."

Sein Gesicht wurde schnell wieder ernst. „Aber vielleicht ist dieser Märchenerzähler ein verkappter Aufrührer? Heute hat er hundert Anhänger, morgen sind es vielleicht schon tausend, und übermorgen verfügt er über eine Armee, die meinen Palast belagern könnte. Vielleicht hortet er Waffen in einem Versteck? Ich werde diesem Ayron einen Besuch abstatten und seine Gesinnung prüfen. Ist sie von harmloser Art, lasse ich ihn gewähren. Soll er von seinem unsichtbaren Berg schwärmen und die Menschen mit seinem Geschwätz betören! Das Volk liebt Narren seiner Art, sie geben ihm Träume, und diese Träume halten es davon ab, sich gegen mich aufzulehnen. Morgen bei Sonnenaufgang brechen wir auf. Fünfhundert Soldaten werden uns begleiten!"

Der General verneigte sich, ging und traf seine Vorbereitungen.

Am Nachmittag des nächsten Tages erreichte der Herrscher mit seinen berittenen Soldaten den Grünen See, an dessen Ufer zahllose Menschen lagerten.

Rabaan nickte seinem neben ihm reitenden General zu, worauf dieser den Befehl zum Anhalten gab.

„Es sind mehr als tausend", sagte der Herrscher beeindruckt. „Gehe zu diesem Ayron", befahl er seinem General, „und sage ihm, daß ich auf ihn warte – dort, bei dem höchsten Baum am Seeufer. Niemand soll sich in unserer Nähe aufhalten. Wenn ich davon überzeugt bin, daß Ayron tatsächlich ein Aufrührer ist, werde ich nicht zögern, ihn mit eigener Hand zu töten. Stelle die Soldaten so auf, daß sie mich gegen den möglichen Zorn seiner Anhänger abschirmen!"

Nach diesen Worten stieg Rabaan von seinem Pferd und ging entschlossen zu dem von ihm gewählten Treffpunkt.

Der General gab seine Befehle. Dann bahnte er sich einen Weg durch die Menschenmenge, bis er vor Ayron stand.

„Meinen Glückwunsch!" sprach er ihn an. „Du hast das Interesse des Landesherrschers erweckt. Rabaan will mit dir reden. Er erwartet dich am Ufer, dort bei dem höchsten Baum."

„Ich werde kommen", antwortete Ayron und sah dem General offen in die Augen.

Plötzlich kam der General sich inmitten der bunt gekleideten, unbeschwerten Menschen lächerlich vor in seiner grauen Uniform, was ihm zuvor noch nie geschehen war. Er wandte sich verwirrt um und ging mit schnellen Schritten zu seinen Soldaten, die sich kampfbereit in einem großen Halbkreis um den Baum am Seeufer postiert hatten. Auch sie erschienen ihm auf einmal lächerlich in ihrer Angst vor den friedlichen, unbewaffneten Menschen. Der General schüttelte heftig den Kopf, als wolle er damit sein Unbehagen vertreiben.

Rabaan kam ohne Umschweife zur Sache, wie es seine Art war. „Ich habe viel von dir gehört, Ayron, und ich weiß nicht recht, was ich von dir halten soll. Also frage ich dich frei heraus: Was für ein Mensch bist du?"

Ayron lächelte. „Nicht so einer wie du."

„Und was für ein Mensch bin ich?"

„Einer, der nicht weiß, wer er ist. Wer das weiß, fragt andere nicht danach."

Rabaans Blick verriet Unmut, doch seine Stimme blieb ruhig: „Verschone mich mit Spitzfindigkeiten, und gib mir eine klare Antwort auf meine Frage!"

„Ich habe dir eine klare Antwort gegeben. Ich bin nicht wie du, Rabaan. Dich interessiert die Macht des Menschen über andere Menschen. Mich interessiert die Macht des Menschen über sich selbst. Du weißt nicht, wer du bist, weil du deinen Blick immer nur nach außen richtest, nie nach innen. Aber auch innen ist eine Welt, eine ganz andere Welt als jene, die du regierst."

Der Herrscher fühlte sich seltsam berührt von Ayrons Worten, ließ sich aber keine Gefühlsregung anmerken. Er blickte dem jungen Mann scharf in die Augen und fragte: „Was hast du vor? Ich denke, du kennst die Gesetze, vor allem dieses: Wer Menschen aufwiegelt und zum Aufruhr anstachelt, wird wegen Landesverrats mit dem Tod bestraft."

„Ich kenne die Gesetze, aber deine Angst ist unbegründet.

Ich habe kein Interesse an weltlicher Macht. Ich will nur den Menschen helfen, ein wirkliches Leben zu führen. Ich will sie ermutigen, den unsichtbaren Berg ihres eigenen Bewußtseins zu besteigen, weil sie nur von seinem Gipfel aus die ganze Wahrheit des Lebens erkennen. Sie leben im dichten Nebel der Täuschung und Selbsttäuschung und sehen kaum die Hand vor Augen. Auf dem Gipfel des unsichtbaren Berges gibt es keinen Nebel mehr. Die Sicht ist klar."

Der Herrscher war gegen seinen Willen beeindruckt von Ayrons Blick. Nie zuvor hatte er in so klare und freie Augen gesehen. „Dein geheimnisvoller Berg, falls es ihn überhaupt gibt: Wo steht er?"

„Er steht für jeden an einem anderen Ort, und jeder muß seinen eigenen Weg zu ihm finden. Der Berg ist auch für jeden ein anderer, obwohl es im Grunde ein und derselbe ist. Aber das erkennt man erst auf seinem Gipfel."

Rabaan fragte sich, ob er einen Weisen oder einen Narren vor sich hatte. Er neigte eher dazu, in Ayron einen Narren zu sehen, dessen Harmlosigkeit allerdings noch nicht erwiesen war. So ging er auf Ayrons rätselhafte Worte ein. „Gut, aber wenn ich nicht weiß, wo der unsichtbare Berg steht, kann ich ihn unmöglich finden."

„Du bist ihm bereits sehr nahe", sagte Ayron leise. „Der Weg zu mir hat dich auch zu ihm geführt."

Rabaan verbarg seine Überraschung und fragte nach kurzem Zögern: „Was siehst du vom Gipfel dieses Berges aus, wenn du mich betrachtest?"

„Daß du erwägst, mich zu töten."

Rabaan erschrak. Konnte Ayron Gedanken lesen? Er blickte dem jungen Mann erneut in die Augen. Waren dies die Augen eines Sehers, der in die Zukunft blickte und seinen eigenen Tod voraussah?

„Warum sollte ich dich töten, Ayron, wenn du, wie du sagst, meine Macht nicht bedrohst?"

„Damit du den unsichtbaren Berg nicht besteigen mußt. Denn ich werde dich dazu bringen, weil dies meine Berufung ist. Du spürst bereits seine Nähe und bekommst Angst vor der Wahrheit auf dem Gipfel – Angst vor der Erkenntnis, daß deine Macht über die Menschen dieses Landes nur ein schaler Ersatz für etwas ist, was dir fehlt: Macht über dich selbst."

Rabaan wich erschrocken vor der Wahrheit in Ayrons Worten innerlich zurück – und berührte dabei den unsichtbaren Berg.

Eine fast unwiderstehliche Sehnsucht, ihn augenblicklich zu besteigen, durchströmte seine Seele, doch dann gewannen sein Verstand und seine Angst wieder die Oberhand.

Er stieß die Sehnsucht mit aller Kraft von sich und schrie Ayron an: „Wie redest du mit mir? Dein Leben liegt in meiner Hand! Du sprichst zu den Menschen von innerer Befreiung. Vielleicht meinst du damit auch die Befreiung von der Obrigkeit? Vielleicht träumst du vom Ende der Herrschaft des Menschen über den Menschen?"

Ayron schwieg.

„Antworte mir sofort!" befahl der Herrscher. „Und antworte gut!"

„Was immer ich auch sage – du wirst es anzweifeln. Worte können täuschen. Du aber willst Sicherheit. Sicherheit verspricht nur mein Tod, nicht wahr? Sieh, ich kann mich nicht wehren, ich trage keine Waffe. Ich bin ein Mann des Friedens. Wenn du mich tötest, werden meine Freunde sich nicht gegen dich erheben, um meinen Tod zu rächen. Sie sind sehnsüchtig, nicht rachsüchtig. Sie werden um mich trauern und mich in ihren Herzen weiterleben lassen. Sie werden dich verachten, aber das wird dich nicht um den Schlaf bringen."

Rabaan schüttelte ratlos den Kopf: „Was bist du – ein Heiliger oder ein Narr? Vielleicht sollte ich dich töten, denn du könntest mir gefährlich werden, wenn immer mehr Menschen dir folgen. Heute bist du noch ein Mann des Friedens, doch morgen vielleicht schon verdirbt dich die Macht über deine Anhänger, und du wirst zu einem Mann des Krieges, des Krieges gegen mich."

„Ich werde immer ein Mann des Friedens sein. Doch wenn du mir nicht glauben kannst, dann töte mich!"

Rabaans Gesicht widerspiegelte seinen inneren Kampf zwischen der Angst vor Ayron und der Hochachtung vor ihm, die er in der kurzen Zeit ihres Gesprächs gewonnen hatte.

Schlagartig gewann seine Angst die Oberhand. Mit einer heftigen Bewegung riß er seinen Dolch aus der Scheide.

Die Blicke der beiden Männer trafen sich, und die Zeit stand still.

Zu seiner Verwunderung fand Rabaan keine Spur von Angst in Ayrons Augen. Der Blick des jungen Mannes war ruhig wie die Oberfläche des Grünen Sees.

Plötzlich war es dem Herrscher, als blicke er mit nie erahnter Klarheit in seine eigene Seele. Mit unerbittlicher Genauigkeit sah er die Fratzen seiner Angst, seiner Machtsucht, seines Mißtrauens, sah die trostlose Ruine seines Gewissens, erkannte die hohe Mauer um sein Herz und fühlte mit einem inneren Frösteln die ganze Kälte seines Daseins.

Eine unwiderstehliche Sehnsucht, sein Leben von Grund auf zu verändern, überwältigte ihn. Wie ein aufgewachter Schlafwandler starrte er auf die tödliche Waffe in seiner Hand, als sähe er sie zum ersten Mal in seinem Leben. Mit einem Schrei des Abscheus vor sich selbst warf er den Dolch in den See.

Ayron lächelte aus tiefster Seele. Der Herrscher hatte begonnen, den unsichtbaren Berg zu besteigen.

„Du hast mich auf eine Weise überzeugt, die ich nicht für möglich gehalten hätte", brach Rabaan mit unsicherer Stimme das lange Schweigen. „Du hast mir einen Spiegel vorgehalten, in dem ich die Armut meines inneren Lebens erkannt habe, und ich muß dir dafür danken. Ich verstehe jetzt, warum dir so viele Menschen folgen, und ich weiß, daß du mich in keiner Weise bedrohst. Ich möchte dich bitten, mir deine Geschichte zu erzählen. Woher kommst du? Wie bist du zu dem geworden, der du bist?"

„Ich stamme aus einer redlichen, einfachen Familie. Mein Vater ist Heilkundiger, meine Mutter arbeitet als Näherin. Ich hatte schon in meiner Jugend den Drang, die Geheimnisse des Lebens zu erforschen. Und ich ahnte, daß ich die Antworten auf meine brennenden Fragen nach dem Sinn des Lebens und des Todes nur auf dem Grund meiner eigenen Seele finden würde. Im Alter von achtzehn Jahren begann ich mit meiner Suche. Jeden Abend stieg ich den Hügel vor unserem Dorf empor, ließ mich auf seinem Gipfel nieder und tauchte in die Tiefen meiner Seele ein."

„Was hast du dabei entdeckt?"

„Am Anfang nicht viel. Oft störten alltägliche Gedanken die Stille in mir, ein jäher Windstoß, der Schrei eines Vogels. Doch mit der Zeit gelangte ich in immer tiefere Schichten meines Wesens, wo keine Gedanken und keine Geräusche mich mehr erreichen konnten. Ich empfand eine heitere Gelassenheit in mir, eine wunderbare Leichtigkeit. Doch ich fand keine Antworten auf meine tiefsten Fragen."

Ayron blickte auf den Grünen See hinaus. „Niemand weiß, wie tief dieser See in seiner Mitte ist. Und niemand kennt seine eigene Tiefe, solange er sie nicht ausgelotet hat. Fünf Jahre waren vergangen, und ich fühlte, daß ich zwar schon tief, aber noch lange nicht auf den Grund meiner Seele getaucht war, um die Antworten zu finden, die dort wie ein versunkener Schatz auf mich warteten. Also stieg ich weiter jeden Abend auf den Hügel vor dem Dorf. Weitere fünf Jahre verstrichen, in denen ich tiefer und tiefer in mich ging und dabei immer mehr Frieden und Stille in mir fand, aber nicht die ersehnten Antworten."

„Ich bewundere dich, Ayron. Wer sich Tag für Tag zehn Jahre lang in Versenkung übt, ohne zu finden, was er eigentlich sucht, hat die Sehnsucht eines Verdurstenden nach Wasser, die Kraft eines Löwen und die Ausdauer eines Zugvogels."

„Ja – aber nach diesen zehn Jahren schwanden meine Kraft und meine Ausdauer, während meine Zweifel an der Richtigkeit meines Weges wuchsen. Nur meine Sehnsucht war noch so groß wie zu Beginn meiner Suche, und ihr allein habe ich wohl zu verdanken, daß ich nicht kurz vor dem Ziel aufgegeben habe."

Ayron ließ erneut seinen Blick über die Oberfläche des Grünen Sees schweifen, während Rabaan gebannt darauf wartete, daß er weitersprach.

„Vor einem Jahr stieg ich mit dem festen Willen auf den Hügel, nicht eher von seinem Gipfel zu weichen, bis ich den Grund meiner Seele erreicht haben würde. Ich sammelte meine letzten Kräfte und kehrte in immer tiefere Versenkung ein. Ich saß bis tief in die Nacht hinein. Es war eine klare Vollmondnacht, die Sterne schienen zum Greifen nah. Und plötzlich geschah es!"

Rabaan konnte seine Ungeduld nicht zügeln. „Was geschah?"

„Ein Wesen aus Licht erschien plötzlich vor mir, das übermenschliche Schönheit, Güte und unendliche Weisheit ausstrahlte. Es hatte die Gestalt eines Menschen, aber es bestand aus reinem, sich in ständigem Fluß befindlichen Licht. Und es sprach zu mir: ‚Ich bin gekommen, um deine Sehnsucht zu stillen. Ich werde dir die Antworten schenken, die du schon so lange suchst, doch du darfst sie nicht für dich behalten. Du sollst ein Jahr lang durchs ganze Land ziehen und den Menschen bei ihrer Suche nach dem tiefsten Sinn des Lebens helfen. Dann wirst du dich niederlassen. Jemand wird dir aus Dankbarkeit ein Haus bauen, und dieses Haus wird deine Bleibe und ein Ort sein, zu dem alle Suchenden kommen können, die deiner Hilfe bedürfen.' Nun schwebte das wunderbare Lichtwesen auf mich zu und umarmte mich. Dabei hatte ich das überwältigende Gefühl, als würde sein Licht in meine Seele einströmen. Ich wurde von unsagbarer Glückseligkeit übermannt und fiel in eine Ohnmacht oder einen tiefen Schlaf. Als ich erwachte, ging die Sonne am Horizont auf – und auch am Himmel meiner Seele. Am nächsten Tag verließ ich mein Dorf und machte mich auf den Weg durch das Land. Den Rest meiner Geschichte kennst du."

„Bist du diesem engelhaften Wesen wahrhaftig begegnet, oder war es eine Vision? Oder bist du im Sitzen eingeschlafen und hast alles nur geträumt?" fragte der Herrscher.

„Ich weiß es nicht", gestand Ayron. „Vielleicht war es eine wirkliche Erfahrung, vielleicht eine Vision, womöglich auch nur ein Traum. Aber im Grunde ist es mir einerlei, wie mein

Erlebnis zu erklären ist, denn es hat mich zum Ziel meiner Suche geführt. Und darauf kommt es letztlich an."

Lange schwiegen die beiden so unterschiedlichen Männer.

Schließlich sagte Rabaan: „Ist dies nicht ein wunderschöner Ort?"

„Ja", antwortete Ayron und lächelte, denn er ahnte, was der Herrscher als nächstes sagen würde.

„Dann will ich hier am Ufer des Grünen Sees ein Haus für dich bauen lassen, das ich dir schenken werde. Dort will ich dich einmal im Monat besuchen", fuhr Rabaan fort, „und dich um deinen Rat bitten, wenn es für mich gilt, schwierige Entscheidungen zum Wohl meines Landes und Volkes zu treffen. Ich habe gute Berater mit Erfahrung, Wissen und scharfem Verstand, aber ihnen allen fehlt etwas, das du hast."

„Ich werde dir so gut helfen, wie ich es vermag", versprach Ayron.

Von diesem Tag an begann das Leben im Land des Herrschers aufzublühen, und die wachsende Zufriedenheit der Menschen bescherte seinem Volk die glorreichste Zeit seiner Geschichte.

Rabaan benutzte seine Macht mit Weisheit und Weitsicht. Er besiegte die Armut, schlichtete die Fehden zwischen lang verfeindeten Fürsten, stiftete Frieden im ganzen Land und schaffte die Leibeigenschaft und die Todesstrafe ab.

Mit den Jahren verschwanden Gewalt, Gier und Neid aus

den Herzen der Menschen. Die einst überfüllten Kerker und Verliese leerten sich und verfielen zu Ruinen, zu Mahnmalen einer vergangenen Zeit.

Große Dichter, Philosophen, Musiker und Maler traten hervor und schufen unsterbliche Werke, die weit über die Landesgrenzen hinaus wirkten.

Zwanzig Jahre nach der ersten Begegnung zwischen dem Herrscher und dem Propheten, die mit den Jahren gute Freunde geworden waren, saß Rabaan mit Ayron auf der Terrasse seines Hauses am Ufer des Grünen Sees und sagte zu ihm: „Nun hast du doch die Macht über mich und mein Land gewonnen, denn es ist durch deinen segensreichen Einfluß in eine ungeahnte Blütezeit eingetreten. Und ich hatte so viel Angst davor, daß ich dich fast getötet hätte! Wie blind ich doch war! Du hast mir die Augen geöffnet, und ich werde dir nie genug dafür danken können!"

Ayron schüttelte lächelnd den Kopf. „Wir beide schulden dem Schicksal Dank. Es hat uns an diesem Ort zusammengeführt, um uns zu lehren, daß Macht und Einsicht keine Erzfeinde sein müssen. Sie können Hand in Hand gehen – und nur dort, wo sie es auch tun, werden Zufriedenheit und Glück das Leben der Menschen erfüllen. Laß uns zu dem Baum gehen, an dem wir uns kennengelernt haben! Ich will dir etwas zeigen."

Gemeinsam gingen die beiden Freunde zu dem Ort ihrer schicksalhaften Begegnung. „Damals, als du deinen Dolch, mit dem du mich töten wolltest, in den See geworfen hast, erkannte ich, daß du mit ihm zugleich die Gewalt und Willkür in deiner Seele und in deinem Land von dir abgeworfen hattest. Gestern saß ich unter dem Baum, bei dem du mich zur Rede gestellt hast, und schaute auf die Stelle, an der dein Dolch in den See gefallen war. Nun sieh selbst, was dort geschehen ist", sagte Ayron und streckte seinen Arm aus.

Rabaan folgte Ayrons Aufforderung und erblickte auf der Wasseroberfläche die schönsten Lotusblumen, die er jemals gesehen hatte.

III.

Das eigentliche Leben

Gedanken

Das eigentliche Leben

Das eigentliche Leben
liegt in der Tiefe
des Empfindens –
unter der Oberfläche
der Alltäglichkeit.
Über der Oberfläche
ist alles Sein
nichts als ein Schatten
seiner selbst –
im trügerischen Licht
der Gewohnheit.

Wie leicht ist es
zu leben,
ohne wirklich zu sein.
Wie selten triumphiert
das Eigentliche
über den Schein.

Dieses Verhältnis umzukehren,
liegt an uns allein.

DAS WESENTLICHE

Tanze nicht auf zu vielen Hochzeiten.
Jongliere nicht mit zu vielen Bällen.
Versuche nicht alles, was dir wichtig ist,
unter einen Hut zu bringen.
Wer zu viel auf einmal haben will,
steht am Ende mit leeren Händen da.

Konzentriere dich auf das Wesentliche,
und du wirst sehen:
Das Wesentliche konzentriert sich auf dich.

EINFACH NATÜRLICH

Das Bemühen um Originalität
hat immer etwas Verkrampftes.

Jeder Mensch
ist bereits ein Original.

Einfach natürlich sein genügt.

Sei leicht

Die köstlichsten Früchte
des Lebensbaums wachsen
auf den allerhöchsten Ästen.
Ich sage dir,
ihr Genuß berauscht dich –
und du bist dem Himmel nah.
Doch du mußt leicht sein,
wenn du sie pflücken willst,
leicht wie ein Vogel,
immer in der Lage,
seine Flügel schnell zu gebrauchen,
wenn ein abrupter Windstoß
ihn in die Lüfte wirft.

Teile weise

Miteinander leben
heißt Leben teilen.

Wer sein Leben
nicht teilt,
lebt nur teilweise.

Darum teile weise.

Vertrauen und Kontrolle

Wer meint,
Vertrauen sei gut,
Kontrolle aber besser,
beweist Vertrauen
in die Kontrolleure
der Kontrolleure
der Kontrolleure
der Kontrolleure …

also endloses Vertrauen.

Die richtige Dosis

Mit der Geduld
ist es
wie mit den Arzneien.
Zu wenig bewirkt nichts.
Zu viel kann schaden.

Man muß
die richtige Dosis wissen.

Skepsis

Skepsis
ist nicht immer
ein Zeichen von Klugheit,
sondern häufig
nur ein durch
schlechte Erfahrungen
bedingter Reflex.

MITVERANTWORTUNG

Du selbst bist
mit dafür verantwortlich,
wie andere Menschen
dich behandeln.
Du selbst entscheidest,
wo und wann du
eine Grenze schließt oder öffnest.

Niemand kann dich
betrügen oder unterdrücken,
wenn du ihm nicht
die Möglichkeit dazu gibst.

Nimm dir Zeit

Sammle dich, komm zur Ruhe.
Wie willst du zu dir finden,
wenn du von einer Tätigkeit
in die nächste flüchtest?

Tag für Tag an dir selbst vorbeizueilen,
kann nicht der Sinn deines Lebens sein.
Nimm dir die Zeit, die du brauchst,
um innerlich nicht zu verarmen –
Zeit für dich und für
inspirierende Begegnungen mit anderen.

Zeit ist nicht Geld –
sie ist viel wertvoller.

Wer in sich ruht

Solange du dich bemühst,
andere zu beeindrucken,
bist du von dir selbst nicht überzeugt.
Solange du danach strebst,
besser als andere zu sein,
zweifelst du an deinem eigenen Wert.
Solange du versuchst,
dich größer zu machen,
indem du andere kleiner machst,
hegst du Zweifel an deiner Größe.

Wer in sich ruht,
braucht niemandem etwas zu beweisen.
Wer um seinen Wert weiß,
braucht keine Bestätigung.
Wer seine Größe kennt,
läßt den anderen ihre.

OFFEN SEIN

Lebenskunst heißt,
aus schlechten Erfahrungen zu lernen
und doch in gewisser Weise
unberührt von ihnen zu bleiben –
und jeden Tag aufs neue so zu leben,
als sei die Vergangenheit nicht wichtiger
als die Träume der letzten Nacht.

Lebenskunst heißt,
sich von guten Gefühlen mitreißen zu lassen
und den schlechten zu trotzen
wie ein Fels in der Brandung –
und offen zu sein für alles Schöne,
das geschehen kann.

Ohne Offenheit geschieht gar nichts.

WÜNSCHE

Laß dir die Freude darüber,
daß einige deiner Wünsche
in Erfüllung gegangen sind,
nicht dadurch verderben,
daß andere sich
nicht erfüllt haben.

FEHLERBEHANDLUNG

Wenn du einen
Fehler begangen hast,
der nicht mehr rückgängig
zu machen ist,
akzeptiere ihn,
lerne aus ihm –
und quäle dich nicht
mit seinen Folgen.

Verwandlungskünste

Einen Elefanten
aus einer Mücke machen
kann jeder.

Eine Mücke
aus einem Elefanten machen
kann nur ein Lebenskünstler.

Das Leichtere

Es ist leichter zu denken
als zu fühlen –
leichter, Fehler zu machen,
als das Richtige zu tun.

Es ist leichter zu kritisieren
als zu verstehen –
leichter, Angst zu haben
als Mut.

Es ist leichter zu schlafen
als zu leben –
leichter zu feilschen,
als einfach zu geben.

Es ist leichter zu bleiben,
was man geworden ist,
als zu werden,
was man im Grunde ist.

EINE KLEINE FRAGE

An die
Regisseure des Welttheaters!

Warum noch
Kriege inszenieren?
Der Frieden ist doch
mörderisch genug.

FRAGWÜRDIGE LIEBE

Ich liebe
Blumen,
sagte sie
und entriß
mit einem Lächeln
eine Anemone
ihren Wurzeln.

Was du bist

Hast du Geld,
bist du kaufkräftig.
Hast du Macht,
bist du gefährlich.
Hast du Wissen,
bist du nützlich.
Hast du Verstand,
bist du lernfähig.
Hast du Herz,
bist du wertvoll.
Hast du Seele,
bist du unentbehrlich.

Vorsicht!

Ich ärgere mich.
Das heißt,
ich bin Sklave
meines Ärgers
geworden.

Freiheit ade!

Recht auf Freiheit

In unseren
Träumen und Wünschen
teilen wir anderen Menschen
gern bestimmte Rollen zu.
Wenn sie sich weigern,
diese Rollen zu spielen,
sagen wir oft enttäuscht,
sie hätten unsere Gefühle verletzt.

Dabei haben sie nur
von ihrem Recht auf Freiheit
Gebrauch gemacht.

Ein Muss

Man muß nicht weise sein,
um weise Gedanken zu haben.
Aber man muß weise sein,
um seine weisen Gedanken
auch zu leben.

Die wichtigen Dinge

Über die
wirklich wichtigen Dinge
redet man nicht,
wenn man sie erlebt.
Man wird von ihnen überwältigt
und zum Schweigen gebracht.

Das Reden beginnt dort,
wo das Erleben nachläßt.

Kein Hindernis

Die Menschen,
die dir in deinem Leben
etwas Schlechtes angetan haben,
dürfen dich nicht daran hindern,
die Menschen zu erkennen,
die dir etwas Gutes geben können.
Sonst wirst du
zum Opfer deiner Enttäuschungen
und beraubst dich der Möglichkeit,
deine negativen Erlebnisse
durch positive auszugleichen.

Wenn mehr Poesie wäre

Mit Worten erreichen
kann man nur jene,
die zu hören bereit sind;
mit Händen berühren
nur jene,
die zu lieben verstehen.

Wenn mehr Poesie wäre
zwischen den Menschen,
würden weniger Gedichte geschrieben
und mehr gelebt werden.

Prinzip

Man sollte sich
prinzipiell nichts
zum Prinzip machen,
denn das Leben
erfordert die Fähigkeit,
spontan zu handeln,
aus dem Augenblick heraus.

IV.

DER GEFUNDENE SCHATZ

Ein Märchen

Der gefundene Schatz

Ein junger Goldschmied namens Golan beschloß, sein Leben zu ändern, nachdem er erkannt hatte, daß die allgemeine Art zu leben so sehr von grauer Oberflächlichkeit, sinnleeren Gewohnheiten und hohlem Gerede bestimmt war, daß sie nur falsch sein konnte.

Er konnte nicht verstehen, daß kaum ein Mensch in der ganzen Stadt sich die Frage nach dem Sinn seines Daseins stellte und nach befriedigenden Antworten suchte. Das Leben war doch mehr als eine zwangsläufige Folgeerscheinung der Geburt, es war ein zu lüftendes Geheimnis, ein zu lösendes Rätsel, ein zu findender Weg.

So gab Golan seinen Beruf auf, verkaufte alle Habseligkeiten, packte seinen Rucksack und verließ die Stadt, weil seine innere Stimme ihm sagte, daß er dort nicht finden würde, was er suchte.

Drei Jahre lang zog er durch das Land, in denen er vielen Menschen begegnete, darunter auch manchen, die – wie er – auf der Suche nach dem eigentlichen Sinn des Lebens waren. Mit einigen von ihnen freundete er sich an, und sie wurden seine Reisegefährten, bis ihre Wege sich wieder trennten. Von jeder Begegnung nahm Golan etwas mit, das sein Herz erfrischte und seinen Geist bereicherte.

Doch seine tiefsten Fragen blieben unbeantwortet.

Wenn er Geld benötigte, nahm er irgendwo eine Gelegenheitsarbeit an und zog bald wieder weiter, in der Hoffnung, daß sich eines Tages sein Traum erfüllen würde, den er in der Nacht vor seinem Aufbruch gehabt hatte. Darin war er einem weisen Mann begegnet, der ihm klare Antworten auf die wichtigsten Fragen gab, die ihm auf der Seele lagen.

Es sollten aber noch zwei weitere Jahre vergehen, bis seine Hoffnung sich erfüllte – Jahre, in denen er immer öfter von dem Gefühl geplagt wurde, daß seine Suche vielleicht vergeblich war und er sie schließlich ermüdet aufgeben und sich mit dem begnügen würde, was der großen Mehrzahl aller Menschen offensichtlich genügte – ein Leben ohne tieferen Sinn, ohne höhere Bedeutung.

Eines Nachmittags wanderte Golan durch ein grünes, weitläufiges Tal, durch das sich ein schmaler Fluß schlängelte.

Zu seiner Überraschung erblickte er nach einer Wegbiegung ein hinter Bäumen und blühenden Sträuchern verstecktes kleines Holzhaus, auf dessen Terrasse ein älterer Mann saß, der auf ihn zu warten schien – als habe Golan ihm seinen Besuch angekündigt. Der Mann winkte freundlich und forderte ihn mit einer Handbewegung auf, zu ihm zu kommen.

Golan zögerte nicht, der Einladung zu folgen.

„Willkommen. Mein Name ist Kalim. Ich habe letzte Nacht geträumt, daß du mich heute besuchen würdest", eröffnete der Mann das Gespräch, „also habe ich heute morgen einen zweiten Stuhl auf die Terrasse gestellt."

Sprachlos vor Verwunderung fühlte Golan sein Herz im Hals klopfen, während er sich zu dem Mann setzte und nach den richtigen Worten suchte. „Ich heiße Golan", sagte er schließlich, „und bin auf der Suche nach dem wahren Leben."

Kalim, der etwa doppelt so alt wie Golan sein mochte, sich aber die strahlenden Augen eines lebensfrohen jungen Mannes bewahrt hatte, nickte lächelnd. „Ich weiß. Du hast mich gefunden, weil ich es gefunden habe. Ich habe es – wie du – jahrelang auf abenteuerlichen Reisen gesucht, bis ich vor etwa zehn Jahren in diesem wunderschönen Tal entdeckte, daß das wahre Leben in mir selbst verborgen lag. Also habe ich mir dieses kleine Haus gebaut und bin hier geblieben."

Golan spürte eine seltsame Erregung in sich wachsen. „Du hast das wahre Leben gefunden? Ja, ich sehe es in deinen Augen. Sie blicken bis auf den Grund der Schöpfung. Ich ziehe nun schon seit fünf Jahren durch dieses große Land und suche es noch immer. Zu Beginn meiner Reise habe ich von einem Mann geträumt, den ich eines Tages finden würde. Er hatte deine Augen."

Kalim lächelte versonnen. „Unsere Träume sind oft die Wegweiser unserer Seele. Sie sagen uns, was wir eigentlich wollen und wer wir wirklich sind. Du wirst in den fünf Jahren deiner Wanderschaft manches erlebt und gelernt haben."

„Ich habe so manche Erkenntnisse über mich und die Menschen gewonnen. Und in besonderen Augenblicken fühlte ich mich dem wahren Leben nah – doch immer wieder entfernte ich mich von ihm, ohne es zu wollen."

„Ja, so ist es auf dieser Art von Suche – und viele geben sie leider zu früh auf, weil sie müde sind und die Hoffnung verlieren. Doch das Finden geschieht meistens unverhofft. Oft kann das, was wir uns am meisten wünschen, sich erst ereignen, wenn wir die Hoffnung aufgegeben haben, daß es geschehen wird. Wer hofft, lebt für die Zukunft, für ein Ziel, und das hindert ihn daran, ganz und gar im Augenblick aufzugehen. Aber gerade darauf kommt es an, denn nur in der vollkommenen Gegenwärtigkeit offenbart sich das wahre Leben."

„Ich habe immer nur einen flüchtigen Blick darauf werfen können, ich konnte seinen Zauber, seinen Glanz erahnen – doch dann verlor ich es wieder und wieder", sagte Golan. „Dabei sollte es doch nicht schwierig sein, einfach in der Gegenwart zu bleiben."

„Das Leichteste ist oft das Schwierigste", erwiderte Kalim. „Wenn du im wahren Leben bist, siehst du allerdings keinen Unterschied mehr zwischen leicht und schwierig, denn alles ist im Grunde eins. Du findest deinen Weg mit derselben Natürlichkeit und Sicherheit wie dieser Fluß, an dessen Ufer sich meine inneren Augen öffneten und ich erkannte, daß ich das wahre Leben überall entdecken kann, wenn ich es einmal in mir gefunden habe. Bis zu diesem Zeitpunkt hatte ich es überall gesucht und nirgendwo gefunden. Es war seltsam festzustellen, daß ich jahrelang umhergereist war, um schließlich zu erkennen: Ich hätte mich nicht von der Stelle bewegen müssen, um zu finden, was ich gesucht hatte. Und doch mußte ich es."

„Das klingt widersprüchlich", erwiderte Golan.

„Es klingt nur so, weil es dem Verstand so erscheint", erklärte Kalim. „Doch der Verstand täuscht sich – und jeden, der ihm folgt. Nur die Seele kennt den Weg ins Eigentliche."

Kalim stand von seinem Stuhl auf, ging einige Schritte und blickte auf den Fluß hinunter. „Dort saß ich damals am Ufer, sehr müde und enttäuscht von der Vergeblichkeit meiner langen Reise, voller Zweifel und düsterer Gedanken, und blickte auf die Oberfläche des Wassers. Plötzlich kam die Sonne hinter einer dunklen Wolke hervor. Ihr Licht fiel mit einem Schlag auf den Fluß und spiegelte sich mit einem übermütig tanzenden Glitzern wider. In diesem Augenblick bekam ich die langersehnte Antwort auf meine Frage nach dem richtigen Weg. Ich erkannte in der dunklen Wolke meine eigenen Gedanken, mehr noch, meinen Verstand schlechthin, der wie diese Wolke sich vor die Sonne meiner Seele geschoben hatte – und nun plötzlich zur Seite wich und mir das Licht offenbarte, das unentwegt in meiner eigenen Seele strahlt. In diesem wundervollen Augenblick wurde ich eins mit mir, eins mit dem wahren Leben – und wußte, daß diese Vereinigung endgültig sein würde. Meine Freude und Dankbarkeit kannten keine Grenzen, ich tanzte und sang am Ufer des Flusses und stürzte mich schließlich jubelnd in sein klares Wasser."

Kalim setzte sich lächelnd wieder zu seinem Besucher an den Tisch. Die Luft war angenehm warm und erfüllt von dem Duft blühender Sträucher und dem Gesang der Vögel in den Bäumen.

„Ich freue mich sehr für dich, daß du dein Ziel erreicht hast", sagte Golan. „Und ich schöpfe Mut und Kraft aus deinen Worten, denn wenn es dir gelungen ist, den Weg ans Licht zu finden, kann es auch mir gelingen."

„Es wird dir gelingen, Golan! Es wird geschehen und dich mit seiner Pracht überwältigen. Du wirst verstehen – und nicht begreifen, warum du nicht eher verstanden hast, denn es war schon immer in dir. Es hat sich nie vor dir versteckt, du hast es nur nicht richtig gesucht. Aber du wirst es finden, wie jeder wirklich Suchende es früher oder später entdeckt."

„Deine Ermutigung tut mir gut, Kalim, denn ich bin schon lange unterwegs, und nicht nur meine Beine sind müde geworden."

Kalim nickte mitfühlend. „So ging es mir auch, in den letzten Jahren vor meiner inneren Befreiung. Oft war ich kurz davor, meine Suche aufzugeben. Deshalb rate ich dir: Sei wachsam, um die Zeichen zu erkennen, die das Leben dir gibt. Bleibe geduldig und gelassen, wenn Belastungen und Rückschläge dich bedrücken wollen. Nimm auch die unangenehmen Überraschungen an – als unvermeidlichen Teil des Ganzen, aber trage das Geschehene keinen Schritt länger als nötig in die Zukunft. Suche unermüdlich den Weg ins Herz des Augenblicks. Dort findest du Weisheit, dort findest du das wahre Leben. Und laß dich nicht von dem Verstand an der Nase herumführen!"

Golan betrachtete seinen unverhofften Gastgeber mit wachsender Bewunderung.

„Der Verstand hat zwei Gesichter", fuhr Kalim fort, „das eines Helfers und das eines Zerstörers. Er kann uns in alltäglichen Dingen nützen, aber auf der Suche nach dem Wesentlichen großen Schaden zufügen. Denn oft ist es so, daß seine Bedenken und Zweifel, die uns vor Schwierigkeiten schützen sollen, uns erst in wirkliche Schwierigkeiten bringen. Der Verstand hat Angst vor allem, wovor man nur Angst haben kann, aber er fürchtet am meisten die Erkenntniskraft der Seele, die uns Einsichten schenken kann, die der Verstand nicht versteht. Er fürchtet die Seele, weil sie seine Macht brechen kann."

„Eben habe ich in Gedanken darüber geklagt", sagte Golan, „daß ich dir nicht eher begegnet bin. Dabei sollte ich mich freuen, dich überhaupt gefunden zu haben."

„Ja, Golan, so ist der Verstand, der Vater unserer Gedanken. Er ist ein strenger, von Natur aus unzufriedener Vater, dem man es nicht recht machen kann. Schenkt man ihm eine Flasche mit Wasser, beklagt er sich darüber, daß man ihm nicht den Weg zum Brunnen gezeigt hat. Zeigt man ihm den Weg zum Brunnen, beschwert er sich darüber, daß der Weg so lang und beschwerlich ist. Schenkt man ihm einen Esel, der ihn zum Brunnen tragen kann, ist er beleidigt, daß man ihm kein Pferd geschenkt hat. Erwarte keine Weisheit, keine Dankbarkeit, keine Bescheidenheit von dem Verstand. Er gleicht einem maßlos verwöhnten, in sich selbst verliebten

Prinzen, der immer und immer mehr haben will und doch nie zufrieden ist."

„Es ist wunderbar zu erleben", sagte Golan nach einer Weile gemeinsamen Schweigens, „wie jedes Wort, das du sagst, aus der Tiefe deines Wesens kommt, so natürlich und rein wie Wasser, das aus einer Quelle sprudelt."

„Eines Tages, Golan, wirst auch du so sprechen, aus der Mitte deiner Seele, und ein Suchender am Ende seiner Kräfte wird zu dir kommen, wie du heute zu mir gekommen bist – und du wirst ihm neuen Mut geben, damit er seine Suche vollenden kann", prophezeite Kalim. „Viele geraten früher oder später an den Punkt, wo sie ihre ganze Suche in Frage stellen, lassen sich durch Enttäuschungen entmutigen und geben kurz vor dem Ziel auf. Enttäuschungen entstehen aber nicht, damit du an ihnen scheiterst, sondern damit du aus ihnen lernst, dich nicht mehr zu täuschen – weder in anderen Menschen noch in dir selbst. Deshalb sind Enttäuschungen, so schmerzlich sie manchmal auch sein mögen, unentbehrliche Begleiter auf der Reise zu dir selbst."

„Im Licht deiner Worte", sagte Golan, „erkenne ich den Sinn vieler Dinge, die mir in den letzten Jahren widerfahren sind. Ich sehe jetzt auch, daß ich dich heute genau zum richtigen Zeitpunkt getroffen habe, ohne daß ich dir sagen könnte, woher ich es weiß. Ich danke dir für die Zuversicht, die du mir schenkst. Wenn ich auf meinem weiteren Weg anderen Suchenden begegne, werde ich ihnen von unserer Unterhaltung und..."

„Aber sage ihnen nicht, wo ich lebe", fiel Kalim seinem Gast ins Wort. „Wenn sie den Weg zu mir nicht unwillkürlich finden, brauchen sie die Begegnung mit mir nicht. Sage ihnen, daß sie sich ihre innere Freiheit durch nichts und niemanden nehmen lassen dürfen, daß sie die Augen des Herzens immer offenhalten und auf die Stimme der Seele hören sollen."

„Ich werde es ihnen ausrichten", sagte Golan. „Und wenn sie mich fragen, wie sie andere Menschen einschätzen sollen?"

Kalim lächelte. „Ich freue mich, daß du an die anderen Suchenden denkst. Das zeigt, daß du deinem Ziel nicht mehr fern bist, denn Mitgefühl ist ein Vorbote der höchsten Einsicht. Gut – wenn sie dich nach der richtigen Einschätzung anderer Menschen fragen, sage ihnen, daß sie den anderen nicht an seinen Worten, sondern an seinem Verhalten erkennen. Stimmen seine Worte mit seinem Verhalten überein, haben sie einen ehrlichen, glaubwürdigen Menschen gefunden, dem sie ihr Vertrauen schenken können. Doch wenn seine Worte eine andere Sprache als seine Handlungen sprechen, tun sie gut daran, sich an seine Handlungen zu halten, denn in seinem Handeln offenbart sich das Wesen eines Menschen viel zuverlässiger als in seinen Worten."

„Auch das werde ich ihnen überbringen, Kalim. Oft habe ich mich auf meiner Reise gefragt, warum so wenig Gutes zwischen den Menschen geschieht. Jetzt glaube ich den

Grund zu wissen: Sie lassen es nicht geschehen. Sie halten die Türen der Liebe und des Vertrauens verschlossen, weil sie Angst haben, daß ihnen etwas Schlechtes widerfahren könnte, wenn sie sich öffnen. Aber gerade diese Angst verhindert, daß etwas Gutes entstehen kann."

Kalim nickte zustimmend. „Ja, die Angst ist eine mächtige Herrscherin und ein großes Hindernis auf dem Weg zur Lebensweisheit und Selbstfindung. Die meisten Menschen dienen ihr statt ihrem Seelenheil, das nur der Mensch gewinnen kann, dessen Vertrauen ins Leben stärker ist als die Angst vor ihm."

„Fühlst du dich hier nicht manchmal ein wenig einsam?" brach Golan das Schweigen, das nach Kalims Worten entstanden war.

Kalim lachte. „Nein, dieses Gefühl kenne ich nicht mehr seit dem Tag meiner Befreiung. Wenn du weiter flußabwärts gehst, wirst du bald zu einem Dorf gelangen. Dort besorge ich mir, was ich zum Leben brauche – und wenn mir danach ist, finde ich dort auch Gesellschaft."

Der Einsiedler blickte flußabwärts. „Manchmal kommt der eine oder andere Dorfbewohner zu mir. Meistens suchen sie meinen Rat. In der Regel rate ich ihnen, was ihrem inneren Frieden und dem Dorffrieden dienlich ist. Ich freue mich, wenn sie mich besuchen, und ich freue mich, wenn sie wieder gehen. Sieh nur, wir haben Besuch von der Schönheit."

Kalim betrachtete mit offensichtlicher Entzückung einen Schmetterling, der sich auf den Tisch gesetzt hatte, an dem die beiden Männer saßen, und sagte leise, als wollte er den bunten Gaukler der Lüfte nicht verscheuchen: „So unverhofft, wie dieser Falter zu uns gekommen ist, kommt alles Schöne in unser Leben."

Nach Kalims Worten flog der Schmetterling wieder davon – und auch Golan spürte, daß der Zeitpunkt gekommen war, sich von dem Menschen zu verabschieden, den er so lange gesucht und schließlich gefunden hatte.

„Wie kann ich dir danken, Kalim, für alles, was du mir mit auf den Weg gegeben hast?"

„Indem du ihn weitergehst, bis du dein Ziel erreichst."

„Das verspreche ich dir."

Nach dem Abschied von Kalim konnte Golan nicht dem Wunsch widerstehen, im Wasser des Flusses zu baden, an dessen Ufer Kalim das wahre Leben gefunden hatte.

Nach seinem Bad ließ er sich von der Sonne trocknen und setzte schließlich beschwingt wie lange nicht mehr seine Wanderschaft fort.

Bald erreichte er das Dorf, von dem Kalim ihm erzählt hatte. Ein paar hundert Menschen hatten sich dort niedergelassen und führten ein Leben, dessen Alltäglichkeit Golan nicht genügen würde. Doch die Leute, denen er im Dorf begegnete, wirkten nicht unzufrieden, wenn auch nicht gerade glücklich mit ihrem Los. Sie sahen ihn neugierig an und grüßten freundlich, aber drängten sich nicht auf, und Golan war es recht so, denn er verspürte kein Bedürfnis nach Gesellschaft.

Als er den Dorfplatz erreichte, lud eine Holzbank unter dem Blätterdach eines Baumes ihn zu einer kleinen Rast ein.

Er nahm seinen Rucksack ab, setzte sich und betrachtete die vorbeigehenden Menschen, die ausgelassen miteinander spielenden Kinder, die umhertollenden Dorfhunde, wobei er ganz Auge war, ganz in der Gegenwart. In der vollkommenen Gegenwärtigkeit offenbart sich das wahre Leben, hatte Kalim gesagt, und Golan spürte, wie die Worte des Weisen ihm halfen, immer gegenwärtiger zu werden.

Vor seinem geistigen Auge sah er das Gesicht des Einsiedlers am Fluß, das die tiefe Einsicht ins Wesen des Lebens ausdrückte, die der Weise gefunden hatte.

Plötzlich hörte er schnelle Schritte hinter sich, und im nächsten Augenblick stand ein Mädchen neben ihm, vielleicht acht Jahre alt, und sah ihn aus großen Augen an, deren Glanz ihn an das Strahlen der Augen des Einsiedlers erinnerte.

Das Mädchen streckte die Hand aus, in der es eine wunderschöne blaue Blume hielt, gab sie Golan mit einem Lächeln und sagte: „Für dich."

Golan betrachtete voller Freude das überraschende Geschenk. Dann führte er die Blume zu seiner Nase, wobei er sich darüber wunderte, daß sein Herz klopfte wie das eines Verliebten, der seine Liebste küßt.

Als er den berauschenden Blütenduft tief einatmete, geschah es: Mit einem Schlag fiel die Mauer, die ihn bis zu diesem Augenblick vom Ziel seiner Suche getrennt hatte, und er trat ins wahre Leben ein. Überschäumende Freude durchströmte ihn, und er begann zu lächeln. Er hatte das wunderbare, befreiende Gefühl, ins Innerste des Lebens zu blicken, und dort war alles, was er gesucht hatte: Frieden, Schönheit, Freiheit, Glück und Freude.

Auf dem Dorfplatz war es ruhig geworden. Kein Mensch oder Tier war zu sehen, es war völlig windstill, als hielte die Zeit den Atem an, und über allem lag ein leuchtender, kostbarer Frieden, den Golan mit Leib und Seele einatmete. Es war noch immer dasselbe Dorf, aber Golan war ein anderer geworden, und deshalb war auch das Dorf ein anderes. Alles hatte sich verändert: der Brunnen auf dem Platz, die Bäume vor den Häusern, die weißen Wolken am Himmel. Die ganze Welt war auf einmal eine andere geworden. Golan erkannte die tiefe Schönheit, die vollkommene Harmonie, das unfaßbare Wunder der Schöpfung mit den Augen der Seele und nahm es mit dem Herzen eines Liebenden auf.

Was immer ihm auch gerade geschehen war, es hatte ihn unwiderruflich verändert, es hatte ihn zu dem Ziel geführt, nach dem er sich so lange gesehnt hatte. Golan war eins geworden mit dem Wesen des Lebens, und sein Lächeln war das Lächeln des glücklichen Finders eines unverlierbaren Schatzes.

Als er sich umdrehte, um zu schauen, wohin das Mädchen gelaufen war, das ihm die Blume geschenkt hatte, konnte er es nirgends mehr entdecken.

V.

Wege ins Freie

Gedichte

IN DEN DÜNEN

Wie schön es ist,
in den Dünen zu liegen
und Seifenblasen in den Wind zu pusten,
langsame Gedanken
an aufgeschreckte Hasen
und aufdringliche Ameisen
vorüberziehen lassen,
sich über die Sonne freuen,
daß sie noch immer scheint,
nach allem, was passiert ist –
und neue bunte Schillerkugeln
in den Wind zu werfen,
sie wirbeln, tanzen,
ihre Richtung suchen
und verschwinden sehen ...

Am Himmel plötzlich
ein schnurgerader Kondensstreifen,
zum Greifen nah.
Mit einer großen Wäscheklammer
möchte ich dies Gedicht
daran aufhängen.

BESTECHUNGSAFFÄRE

Ich weiß,
was ich will.
Ich weiß nur nicht,
ob das Leben
es mir auch gibt –
es hat so viele
Wünsche zu erfüllen.

Ich werde es bestechen:
mit meiner wachsenden
Liebe zu ihm.

Wenn Engel Adressen hätten

Wenn Engel Adressen hätten,
wäre manches leichter.
Man könnte ihnen schreiben,
sie anrufen oder besuchen.
Sie hätten immer Zeit für uns
und ein offenes Herz,
wie es sich für Engel gehört.
Wir könnten mit ihnen Musik hören
und eventuell die Nacht verbringen.
Am nächsten Morgen würden wir
die Welt mit anderen Augen sehen.
Und nichts könnte uns hindern,
so lange zu bleiben,
bis auch uns Flügel gewachsen sind.

Wenn Engel Adressen hätten,
gäbe es bald keine Fußgänger
mehr in unseren Städten.

Mein Herz ist ein Kind

Mein Herz ist ein Kind,
das die Unvernunft liebt
und lieber Seifenblasen pustet,
als zur Schule zu gehen,
das froh ist ohne jeden Grund
und lacht über den Ernst des Lebens.
Ich habe meine Versuche aufgegeben,
es zu erziehen.
Es ist mir längst
über den Kopf gewachsen,
aber rennt immer noch
den Schmetterlingen hinterher …
Halt –
warte auf mich!

Unbeschreiblicher Abendhimmel

Diesen Abendhimmel
mit seiner magischen Mondsichel,
die mir mit einem Schlag
alle Gedanken aus dem
Bewußtsein gemäht hat –
diesen Abendhimmel
würde nur jemand
zu beschreiben versuchen,
der ihn nicht genug liebt.

Jetzt möchte ich singen

Ich finde keine Sprache,
die beschreiben könnte,
was in mir geschieht,
seit du mir geschehen bist.

Wir trafen uns im Regen,
schauten uns an,
zwei Fremde noch –
doch jeder Regentropfen
war wie ein kleiner Kuß von dir
auf mein Gesicht.
Das Leuchten deiner Augen
strahlt in mir nach –
ein Licht, in dem ich sehe,
was mir fehlte.

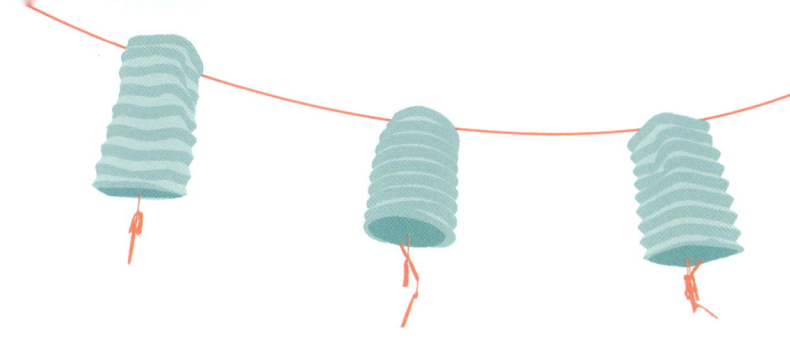

Auch wenn es mir
irgendwann wieder fehlen wird:
Jetzt möchte ich singen,
jetzt möchte ich tanzen,
in deine Blicke tauchen,
mit deinen Haaren spielen
und deinen Körper ganz nah
an meinem fühlen.

Alles in mir hast du berührt –
es kreist, es leuchtet und vibriert.

Uhrenvergleich

Ich nehme mir Zeit.
Ich ruhe mich aus.
Die rastlose Uhr an der Wand
kann mich nicht täuschen.
Meine innere Uhr zeigt
ständige Gegenwart an.

Alles, was geschieht,
geschieht hier und jetzt.

Ein traumhafter Abgang

Ich träumte mich in ein Zugabteil
der Deutschen Bundesbahn hinein.
Ein Kontrolleur riß die Tür auf
und wollte meine Fahrkarte sehen.
Ich brauche keine Fahrkarte,
sagte ich freundlich,
ich bin nur im Traum hier.
Aber der Schaffner glaubte mir nicht.
Er dachte, ich wollte ihn hochnehmen,
und wurde richtig böse.

Als er mich zu beschimpfen begann
und mit der Polizei drohte,
öffnete ich das Fenster
und flog ins Freie.

Grenzen vergessen

Türen öffnen,
Räume entdecken,
Grenzen vergessen.

Wir sind weit mehr,
als wir ahnen.

Innere Augen öffnen,
durch Mauern spazieren,
über Abgründe springen.

Alle Wege ins Freie
führen nach innen.

INNERE STILLE

Im Grunde möchte ich
jetzt nur sitzen,
einfach dasitzen
und die Stille fühlen,
die ich sein kann,
die ich kenne und liebe.
Diese Stille,
die keinen Gedanken zuläßt
und keine Bewegung,
die nichts braucht
zu ihrem Glück
als sich selbst.

Meine Stille –
sie kommt und geht.
Ich kann sie nicht halten –
es sei denn,
ich liebte nur sie.

Spät kommst du

Von einem Tag
auf den anderen
bist du plötzlich da!
Triffst mich mitten ins Gefühl,
bringst mich zum Lachen
auf offener Straße.
Ich könnte abheben vor Vergnügen,
wenn ich deine Blumen sehe,
deine zarten, jungen Blätter.
Du malst mit Lust,
und deine Farben sind das Leben.

Spät kommst du, Frühling,
reichlich spät dieses Jahr –
aber dafür kommst du
einfach wunderbar.

Das Baumgedicht

Mensch, Baum,
wie du da stehst
in deiner Blütenpracht!
Ich wette,
du fühlst dich unbeschreiblich!
Den ganzen Winter lang
hast du geschlafen,
hast Kraft gesammelt:
Jetzt schlägst du aus.

Gut siehst du aus,
Baum, wie neugeboren,
so voller verheißungsvollem Leben,
so ganz dem Blühen hingegeben,
so ganz anders
als jene Dame mit dem forschen Schritt,
die eben an dir vorbeilief,
ohne dich überhaupt zu sehen.

MAIGEDICHT

Mit dem kühlen Wind fängt es an,
ohne ihn wäre ich nicht mehr hier
in der sengenden Sonne;
ein heißer Tag im Mai,
ein Tag am See
unter sonnenhungrigen Menschen,
die etwas zu verbergen haben
hinter ihrer Nacktheit, etwas,
das sie verbindet ohne Worte.
Außerdem gibt es noch Hunde,
Spinnen, Schmetterlinge, Vögel,
weiße Wolken, Bäume, Gras
und himmlisch blauen Himmel –
ein schöner Tag,
wie man so sagt.

Ich weiß nichts,
kann aber lächeln,
mich mit dem Gras verstehen
und, auf seinen Wunsch,
den Wind noch mal erwähnen.

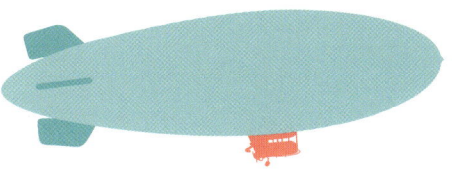

Nichts ist leichter,
als ein Gedicht zu schreiben
unter freiem Himmel
mit geborgtem Kugelschreiber
auf einer Reklameseite für Bananenlikör.

Gedichte sind Spielzeuge,
die man aus Worten baut.
Meine Gedanken sind wie Sandsäcke,
die ich auf das Papier abwerfe.
Der Wind wird stärker,
ich gewinne an Höhe.

INFEKTION

Das Mädchen ist total verrückt!
Ich habe sie über ein Jahr
nicht mehr gesehen.
Wir haben Bier getrunken
auf dem Münsterplatz,
sie hat mir von ihren Psychiatern erzählt
und von ihren Plänen.
Sie sprüht vor Leben,
und ihre Augen verändern sich
mit jeder neuen Idee in ihrem Kopf.
Ihrem Lachen kann man nicht entkommen.

Natürlich ist sie nicht verrückt,
sie lebt nur gern gefährlich
und redet sehr schnell,
als hätte sie ständig Angst,
nicht fertig zu werden.
Mit sich?

Jetzt ist sie Zigaretten ziehen gegangen,
und ich schreibe sehr schnell.

Descartes und ich

„Ich denke, also bin ich",
schrieb Descartes,
um sich seine
Existenz zu beweisen.
Anscheinend glaubte
er nicht an sich.

Man nennt ihn
den Vater der
neueren Philosophie.

Ich stamme bestimmt
nicht von ihm ab.
Wie könnte ich
sonst schreiben:
Ich liebe, also brauche
ich nichts zu beweisen.

Zuversicht

Ich schaue in den Spiegel
und sehe ein Gesicht,
das nicht mein eigentliches ist,
mit Augen,
die mir nicht gehören,
die nur geliehen sind
wie dieser Körper,
in dem ich lebe
wie in einem Haus,
das früher oder später
in sich zusammenbricht,
ohne mir auch nur
ein Haar zu krümmen.

VI.

Das Herz eines Engels

Ein Märchen

Das Herz eines Engels

Amila war ein sanftmütiges Mädchen, das von seinen Eltern über alle Maßen geliebt wurde.

Sie wußten, daß sie mit dieser Tochter ein Geschenk des Himmels erhalten hatten, denn sie war ein ganz besonderes Kind. In Amilas offenen blauen Augen glänzte eine Schönheit, die nicht von dieser Welt zu sein schien. Ihr strahlender Blick und ihr sonniges Lächeln verzauberten jeden, der ihr begegnete. Sie hatte ein liebevolles Herz, das von Anfang an seinen Weg kannte und Amilas Verhalten lenkte. Schönheit in jeder Form entzückte und bannte sie.

Sie saß oft im Garten und betrachtete lange eine Blume, einen blühenden Strauch oder einen Baum. Dabei war sie fast reglos und schien die Zeit und sich selbst zu vergessen.

„Es ist, als würde sie die Schönheit der Natur anbeten", sagte ihr Vater Keno, ein Bildhauer, der mit seiner Frau Sina auf der Terrasse ihres abgeschiedenen Hauses saß und Amila beobachtete.

Amilas Mutter schüttelte unwillkürlich den Kopf. „Schon eine Viertelstunde sitzt sie im Gras und betrachtet die Blumen – mit verzücktem Gesicht. Einerseits bin ich glücklich über ihr Wesen, aber manchmal bekomme ich Angst, Angst um ihre Zukunft. Noch können wir sie beschützen, aber wie wird es sein, wenn sie nächste Woche zur Schule gehen muß? Wie soll sie bestehen mit ihrer sanften Seele, mit ihrem liebevollen Herzen, in der harten Welt der Schulkinder? Was uns an ihr verzaubert, kann den Neid oder das Unverständnis anderer Kinder erregen. Wie soll sie sich wehren, wenn sie gedemütigt oder angefeindet wird?"

Keno nahm Sinas Hand. „Ich teile dein Glück und auch deine Sorgen. Das Glück erfüllt mein Herz immer aufs neue mit großer Freude, und die Sorgen bereiten mir schlaflose Stunden, in denen ich an Amilas Bett sitze, ihr Gesicht betrachte und ihrem Atem lausche. Aber wir können und konnten nichts anderes tun, als ihr all unsere Liebe zu geben. Sie kommt mir manchmal vor wie ein Engel in Menschengestalt. Bisweilen will ich ihr etwas erklären und stelle fest, daß sie es schon weiß. So seltsam es klingen mag: Ich habe das Gefühl, daß die Seele unserer kleinen Tochter mehr Weisheit in sich trägt als meine eigene, und daß ich sie nichts Wesentliches lehren kann, weil sie es schon gelernt hat – auch wenn ich nicht weiß, wie und wann."

Sina nickte. „Ja, mir geht es genauso. Alle Kinder stellen ihren Eltern Fragen. Amila fragt so gut wie nie. Von Zeit zu Zeit habe ich den Eindruck, daß ich sie etwas fragen möchte, daß ich manches von ihr lernen könnte. Warum hat uns das Schicksal einen solchen Engel anvertraut?"

„Damit wir Amila davor beschützen, daß die Welt ihre Flügel bricht."

Sina seufzte. „Wir werden nicht immer bei ihr sein können. In der Schule wird sie täglich mit anderen Kindern zusammen sein. Du weißt, wie rücksichtslos Schulkinder miteinander umgehen können. Sie wird einen Lehrer haben, für den sie nur eine von vielen Schülerinnen ist. Sie wird auf Menschen treffen, die ihre zarte Seele verletzen können."

„Ja", brach Keno das beklommene Schweigen, das nach den Worten seiner Frau entstanden war, „aber noch ist es nicht so weit. Wir müssen versuchen, ihr durch unsere Liebe die Kraft zu geben, in der Schule zu bestehen, ohne ihren inneren Reichtum zu verlieren. Sieh nur, sie sitzt noch immer vor dem Blumenbeet. Sie liebt Blumen über alles! Hast du sie jemals eine Blume pflücken sehen?"

Sina schüttelte den Kopf.

„Alle Kinder hier im Dorf pflücken Blumensträuße und bringen sie ihren Eltern", sagte Keno.

„Ich bin glücklich darüber, daß Amila es nicht tut. Sie würde nie etwas zerstören, das sie liebt. Ich glaube, sie ist unfähig, überhaupt etwas zu zerstören. Sie ist ein junges Mädchen, aber sie hat die Weisheit einer alten Seele. Manchmal sagt sie Dinge, die ein anderes Kind in ihrem Alter nie erkennen, geschweige denn aussprechen würde. Und ich bin beglückt und gleichzeitig verwirrt."

„Mir geht es genauso. Sieh nur, Sina, ein bunter Schmetterling hat sich vor ihr auf eine Blume gesetzt!"

Amila betrachtete den wunderschönen Falter. Sie atmete so vorsichtig wie möglich, um ihn nicht zu verscheuchen. Die leuchtenden Farben seiner zarten Flügel ließen ihr Herz vor Entzücken höher schlagen. Sie fühlte sich glücklich und nahm ihren bewundernden Blick nicht von dem Falter, bis ein Vogel ihn verjagte, der ganz nah vorbeigeflogen war.

Wie wunderschön war das Leben im Garten! Die Schmetterlinge, die Vögel, die vielen bunten Blumen, die blühenden Sträucher und die lieben Bäume! Alle waren sie ihre Freunde, alle hatten einen Platz in ihrem Leben, zu allen sprach sie mit ihrem Herzen und fühlte, daß sie ihr antworteten.

Amila spürte, daß all ihre Freunde zwar getrennt voneinander zu leben schienen, aber tief miteinander in geheimnisvoller Einheit verbunden waren. Die Tiere, die Pflanzen und Bäume waren Teile eines unsichtbaren Ganzen, wie Amila selbst. Und dieses allumfassende Ganze war von einer wunderbaren Schönheit und Weisheit beseelt.

So empfand Amila es, auch wenn sie noch nicht die Worte kannte, die ihr Empfinden ausdrücken konnten. Sie zeigte es den Blumen mit ihrem Lächeln, sie offenbarte es den Schmetterlingen und Vögeln mit ihrem Entzücken, sie schenkte es den Bäumen im Garten mit ihren Umarmungen.

„Schau!" sagte Keno zu Sina, „sie ist aufgestanden und umarmt wieder einen Baum! Siehst du den tiefen Frieden in ihrem Gesicht? Was für ein wundervolles Mädchen!"

Sina lächelte, aber ihr Lächeln konnte nur für kurze Zeit die Sorgen vertreiben, die sie sich um Amilas Zukunft machte.

Ängste und dunkle Vorahnungen trübten in letzter Zeit immer wieder ihr Gemüt.

Ihre Tochter lebte glücklich in ihrer Welt voller Liebe und Schönheit, aber Sina hatte Angst vor dem Tag, an dem Amila erkennen würde, daß es noch eine andere Welt gab, in der die meisten Menschen lebten. Sie fürchtete, daß alle Liebe, die Keno und sie ihr schenkten, nicht ausreiche, um sie vor dem Sturm zu schützen, der durch ihre Seele tosen würde, wenn sie zum ersten Mal die Kälte und Härte der Welt erfahren würde.

„Wir wohnen in einem abgelegenen Haus auf dem Land. Wir leben in einer friedlichen, sicheren Welt. Wir schließen die Tür unseres Hauses nicht ab. Von der nächsten Woche an muß Amila jeden Morgen in die Schule der Stadt gehen, in der die Menschen die Türen ihrer Häuser verriegeln – und viele auch die Türen ihrer Herzen. Sie wird Stunden um Stunden mit Kindern verbringen, die von ihren Eltern zu wenig oder vielleicht sogar gar keine Liebe bekommen haben. Wir sollten Amila darauf vorbereiten."

„Das habe ich mir auch schon oft gesagt", gab Keno zur Antwort, „aber ich weiß nicht, wie wir es tun sollen, welche Worte wir wählen müssen. Amila bricht ja schon fast in Tränen aus, wenn sie sieht, daß ein anderes Kind einen Blumenstrauß pflückt. Sollen wir ihr erklären, daß es in der Stadt Kinder gibt, die Katzen und Hunde quälen, daß es Jungen gibt, die sich prügeln und treten? Daß es Mädchen gibt, die sich gegenseitig kratzen, beißen und an den Haaren ziehen? Wir könnten damit die Reinheit ihrer Seele trüben. Ich fürchte, ich würde es nicht übers Herz bringen."

„Aber wenn das Verhalten der Kinder in der Stadt sie bestürzt und entsetzt, wird sie uns zu Recht fragen, warum wir sie nicht gewarnt haben", gab Sina zu bedenken.

Keno seufzte tief. „Ja, aber sie ist kein gewöhnliches Kind, und das macht unsere Aufgabe so schwierig."

„Wir müssen es versuchen, Keno. Manche Schulkinder werden Amila nicht verstehen, ihr wundervolles Wesen nicht erkennen. Sie werden sie verspotten und für verrückt erklären, wenn sie einen Baum im Schulhof umarmt. Sie werden sie demütigen, wenn sie feststellen, daß sie keiner Fliege etwas zuleide tun kann. Wir müssen behutsam sein, wenn wir ihr erklären, was sie an der Schule erwartet, um ihre zarte Seele nicht zu erschrecken. Laß es uns jetzt tun, wir haben es schon zu lange aufgeschoben!"

Keno überlegte eine Weile und nickte schließlich seiner Frau zu. Hand in Hand gingen die beiden zu ihrer Tochter, die inzwischen auf dem Rücken im Gras lag und in den Himmel schaute.

Amila schenkte ihnen ihr sonniges Lächeln. „Die Wolken erzählen mir wieder wunderschöne Geschichten."

„Oh, wie schön. Und was sagen sie dir?" fragte Keno.

„Sie erzählen mir von ihren Reisen, von der Kälte des Windes und von der Wärme der Sonne. Ich wollte, ich könnte am Himmel schweben wie sie. Das muß wunderschön sein! Manchmal nachts, wenn ich träume, fliege ich wie sie. Meine Arme sind dann meine Flügel. Ich sehe auf das Dach unseres Hauses hinunter und spiele mit dem Wind. Träumt ihr auch manchmal, daß ihr fliegt?"

Amilas Eltern schüttelten fast gleichzeitig die Köpfe.

„Amila – wir möchten mit dir über die Schule reden. In einer Woche ist ja schon dein erster Schultag", sagte Sina und versteckte ihr Unbehagen hinter einem Lächeln.

Amila verzog den Mund. „Ich denke nicht gern an die Schule. Ich glaube, es wird mir dort nicht gefallen."

„Bestimmt wird es dir gefallen", kam Keno seiner Frau zu Hilfe. „Du wirst mit Kindern in deinem Alter zusammen sein und bestimmt bald gute Freunde finden."

„Ich habe schon gute Freunde." Amila lächelte. „Das Gras, die Blumen, die Schmetterlinge, die Eichhörnchen, die Bäume, die Vögel, die Wolken – alle sind sie meine Freunde. Lernen die Kinder an der Schule, wie glücklich ein Baum ist, wenn man ihn umarmt? Und daß die Blumen zurücklächeln, wenn man sie anlächelt? Und lernen sie auch, daß die Wolken Geschichten erzählen, wenn man ganz still ist und ihnen gut zuhört?"

„Nein, so etwas lernen sie nicht. Und du solltest den Kindern dort am besten nichts davon erzählen", sagte Sina.

Amila sah ihre Mutter überrascht an. „Warum nicht?"

„Nun, sie würden dich vielleicht nicht verstehen und für etwas seltsam halten. Und das wäre nicht gut für dich. Weißt du, wenn Kinder merken, daß ein Kind anders ist als sie, fühlen sie sich unsicher, und ihre Unsicherheit macht sie dann unfreundlich."

„Aber ihr habt mir doch immer gesagt, daß ich die Wahrheit sagen soll! Und es ist wahr, daß die Wolken wunderschöne Geschichten erzählen und daß die Blumen zurücklächeln und daß jeder Baum glücklich ist, wenn er umarmt wird. Und ich bin es dann auch."

„Für dich ist es die Wahrheit, Amila", sagte Keno, „aber die anderen Kinder würden dich wahrscheinlich auslachen, weil sie dich nicht verstehen."

Amilas Gesicht wurde ernst. „Wozu ist die Schule denn dann gut, wenn ich dort nicht die Wahrheit sagen darf?"

„Sie ist nützlich", erklärte Sina. „Du lernst dort vieles, das du gut gebrauchen kannst, wenn du ein großes Mädchen bist. Du lernst die Namen der Blumen, Schmetterlinge und Bäume, die du so liebst. Du lernst, wie die Wolken entstehen."

Amila schüttelte unwillig den Kopf. „Das ist doch unwichtig. Ich brauche nicht zu wissen, wie meine Freunde heißen. Es genügt doch, daß ich sie liebe."

Ihre Eltern sahen sich ratlos an.

„Du wirst an der Schule lesen und schreiben lernen, und dann kannst du verstehen, was in Büchern steht, und kannst auch deine eigenen Gedanken aufschreiben", sagte Keno.

„Ach, Bücher sind doch nur Papier, und wozu soll ich meine Gedanken aufschreiben? Es reicht doch, wenn ich sie habe."

Keno warf Sina einen hilflosen Blick zu.

„Versuch es doch wenigstens einmal, Amila, zumindest für ein paar Wochen", bat Sina ihre Tochter. „Am Anfang wird dir alles ein bißchen fremd vorkommen, doch mit der Zeit wirst du dich schon daran gewöhnen. Sei freundlich zu deinem Lehrer und versuche, gut mit allen Kindern in deiner Klasse auszukommen, auch wenn einige vielleicht nicht nett zu dir sind. Dann wird es schon gehen."

„Weißt du", sagte Keno schweren Herzens, „Kinder können manchmal etwas gemein sein, und auch nicht jeder Lehrer ist gütig. Deshalb solltest du freundlich zu allen sein, das wird sie für dich einnehmen."

Amila schüttelte sich, als würde sie frieren, senkte den Kopf und betrachtete die Gänseblümchen im Gras.

„Aber es gibt auch gutmütige Lehrer und liebe Kinder", ergänzte Keno schnell. „Vielleicht macht dir die Schule mehr Spaß, als du glaubst."

„Aber die Wahrheit soll ich dort nicht sagen?"

„Wenn du zu Hause bei uns bist, sollst du sie sagen. Aber in der Schule behältst du sie besser für dich. Das heißt ja nicht, daß du lügen sollst", erklärte Sina.

Eine Weile saß Amila bewegungslos und starrte ins Gras. Schließlich hob sie ruckartig ihren Kopf und sagte mit ungewohnter Bestimmtheit: „Ich möchte nicht in die Schule gehen!"

Sina und Keno schwiegen einen Augenblick lang.

„Du mußt zur Schule gehen, wie alle Kinder in deinem Alter", erklärte Sina sanft, „so will es das Gesetz."

„Was ist das Gesetz?"

„Es schreibt uns Menschen vor, was wir tun müssen und was wir nicht tun dürfen", gab Keno zur Antwort. „Wenn wir dich nicht zur Schule schicken, kommen strenge Männer und holen dich ab. Und wenn wir uns weiterhin weigern, bringen die Männer dich nicht mehr zu uns zurück. Wir wollen es nicht so, aber das Gesetz will es, und das Gesetz ist stärker als wir."

„Das Gesetz ist stärker als ihr?"

Keno sah die große Enttäuschung in Amilas Augen und senkte traurig den Blick. „Ja, mein Mädchen, es ist stärker. Wir alle müssen ihm gehorchen, nicht nur deine Mutter und ich. Es verpflichtet alle Eltern, ihre Kinder in die Schule zu schicken, wenn sie ein gewisses Alter erreicht haben. Dein Alter."

„Warum gibt es das Gesetz?"

„Um das Zusammenleben der Menschen zu ordnen, damit kein heilloses Durcheinander entsteht", erklärte Sina. „Schau, Amila, du wirst ja nicht den ganzen Tag in der Schule sein. Am frühen Nachmittag bist du schon wieder zu Hause, bei uns."

„Wer hat das Gesetz gemacht?"

„Menschen, die erkannt haben, daß wir alle gewisse Regeln befolgen müssen, damit unser Zusammenleben friedlich und gerecht ist."

„Ihr liebt mich doch?" fragte Amila und sah ihren Vater und ihre Mutter mit einem verwirrten Blick an, der ihnen in der Seele weh tat.

„Natürlich lieben wir dich, aus ganzem Herzen. Du bist unser größter Schatz", sagte Sina.

„Also ist das Gesetz auch stärker als die Liebe?"

Keno seufzte. „Ja, Amila. Es ist stärker als die Liebe, weil die Liebe in der Welt nicht ausreicht, um den Menschen den rechten Weg zu weisen."

Amila preßte ihre Lippen aufeinander. Auf ihrer Stirn erschien eine steile Falte, die ihre Eltern noch nie an ihr gesehen hatten. Es schien, als würde sie gleich in Tränen ausbrechen, doch dann blickte sie zum Himmel hoch und sagte zur Erleichterung ihrer Eltern nach einer Weile: „Ich werde es versuchen."

Schließlich kam der erste Schultag.

Amilas Gesicht war blaß, als sie im Morgengrauen in die Pferdekutsche stieg, die sie und vier andere Kinder aus dem Dorf in die Stadt zur Schule brachte.

Ihr Gesicht war zum Kummer ihrer Eltern noch blasser, als sie am frühen Nachmittag wieder zu Hause abgesetzt wurde. Sie wirkte verstört und verschreckt.

„Was ist geschehen?" fragte Keno sie.

„In der großen Pause haben zwei Jungen auf dem Schulhof einen Regenwurm gefunden und mit einem Messer in der

Mitte zerschnitten. Danach haben sie die beiden Hälften des armen Wurms noch einmal zerteilt. Dabei haben sie auch noch laut gelacht. Dann hat einer von ihnen eine Fliege gefangen und ihr die Flügel ausgerissen. Sie haben die Fliege eine Weile auf dem Boden laufen lassen, und dann hat der andere Junge sie mit seinem Schuh zerquetscht. Warum tun sie so etwas?"

Sina und Keno blickten sich betroffen an.

„Weißt du, Amila", sagte Sina, kniete sich nieder und berührte ihre Tochter zärtlich an den Oberarmen, „diese Jungen wissen nicht, was sie tun. Sie sind nicht so böse und grausam, wie es dir vielleicht erscheint. Sie glauben bestimmt, daß Regenwürmer und Fliegen keine Schmerzen empfinden. Wahrscheinlich denken sie sich überhaupt nichts dabei. Wenn so etwas wieder passiert, sieh einfach nicht hin!"

Amila senkte den Kopf und schien nachzudenken. Schließlich sah sie abrupt auf und sagte: „Diese Jungen sind böse und grausam. Ich habe es gespürt. Hier!" Und dann führte sie ihre Hand zu ihrem Herzen.

Sina biß sich auf die Lippe und sah Keno ratsuchend an.

„Du wirst dich mit der Zeit schon daran gewöhnen, daß manche Kinder anders sind als du", sagte er zu seiner Tochter. „Es wird ein wenig dauern, aber dann wird es schon gehen. Weißt du, aller Anfang ist schwer."

Am folgenden Tag kam Amila mit einem so traurigen Gesichtsausdruck aus der Schule zurück, daß ihre Eltern erschreckte Blicke tauschten. Diesmal ließ sie sich erst nach längerem Zureden dazu bewegen zu erzählen, was sie so bekümmert hatte.

„Zwei Jungen haben sich auf dem Schulhof geprügelt. Sie sind mit geballten Fäusten und Haß in den Augen aufeinander losgegangen und haben sich so lange geschlagen und getreten, bis einer von ihnen mit blutender Nase auf dem Boden lag. Die meisten anderen Kinder haben einen Kreis um sie gebildet und sie dabei noch angefeuert, anstatt sich zwischen sie zu stellen und sie auseinanderzubringen. Schließlich kam ein Lehrer und begann zu schimpfen, aber dafür war es längst zu spät. Warum tun diese Jungen so etwas? Ich kann das nicht verstehen, und es tut mir weh, sehr weh."

Amila begann zu weinen.

Keno kniete sich zu ihr nieder und umarmte sie, bis ihr Weinen zu einem Schluchzen wurde und schließlich verebbte. „Wenn diese Jungen sich wieder prügeln, drehe dich sofort um", flüsterte er seiner Tochter ins Ohr, „und gehe weg, laufe zu einem anderen Teil des Schulhofs und sieh einfach nicht hin. Versprichst du mir das?"

„Ich will es versuchen", antwortete Amila mit schwacher Stimme.

Kenos und Sinas Hoffnung, daß Amila am dritten Schultag mit dem heiteren, sorglosen Blick zurückkommen würde, den sie so sehr an ihr liebten, erwies sich als vergeblich.

„Wie ist es dir heute ergangen?" fragte Sina ihre Tochter.

„Alles ist so kalt in der Schule. Mein Herz friert. Ich will nicht mehr dorthin fahren! Bitte laßt mich bei euch bleiben!" flehte das Mädchen seine Eltern an.

„Du weißt, daß du zur Schule gehen mußt. Hab einfach noch ein wenig Geduld", sagte Keno schweren Herzens.

Als Amila am nächsten Nachmittag mit betrübtem Blick aus der Schule zurückkehrte, sprach sie kein Wort, wich den Blicken ihrer Eltern aus, rührte ihr Essen nicht an und ging in den Garten, wo sie lange reglos im Gras lag und in den Himmel schaute.

Keno, der zu ihr ging, um sie zu fragen, wie ihr Schultag verlaufen war, erhielt zum ersten Mal in seinem Leben keine Antwort von ihr und ging bedrückt ins Haus zurück. Auf seine Seele legte sich die Last der Ahnung, daß etwas Schreckliches seinen Lauf nahm, das weder er noch seine Frau aufhalten konnten.

An den nächsten beiden Tagen stieg Amila mit ängstlichen Augen in die Pferdekutsche, die sie zur Schule brachte, und jedes Mal brach ihr trauriger Gesichtsausdruck bei ihrer Heimkehr ihren Eltern fast das Herz. Mehr denn je versuchten sie, Amila all ihre Liebe und Wärme zu geben, aber immer mehr bekamen sie das Gefühl, daß sie ihre Tochter nicht mehr erreichten, als würde eine wachsende unsichtbare

Mauer sie von ihr trennen. Selbst die behutsamsten Fragen nach dem Grund ihrer Traurigkeit beantwortete Amila nicht mehr. Sie schüttelte nur matt den Kopf und schloß die Augen.

In ihrer zweiten Woche als Schülerin ging Amila nicht einmal mehr in ihren geliebten Garten, wenn sie nach Hause zurückkam, sondern zog sich in ihr Zimmer zurück, verdunkelte das Fenster und weigerte sich, mit ihren Eltern zu sprechen, die in ihrer Verzweiflung keinen Rat mehr wußten. Sie aß und trank kaum noch und hatte ihr engelhaftes Lächeln verloren. Die Sorgen ihrer Eltern wuchsen von Tag zu Tag.

Am Ende dieser zweiten Woche ritt Keno in die Stadt, um Amilas Lehrer einen Besuch abzustatten, doch das Schicksal wollte, daß er ihn nicht antraf. Bekümmert kehrte er ins Dorf zurück und nahm sich vor, so bald wie möglich wieder zu versuchen, ein Gespräch mit Amilas Lehrer zu führen.

Am Abend darauf bekam Amila zum Schrecken ihrer Eltern urplötzlich hohes Fieber.

Während Keno sorgenvoll in die Stadt ritt, um den Arzt zu holen, sprach sie unverhofft zu ihrer Mutter, die angsterfüllt an ihrem Bett saß und ihre Hand hielt.

Amila sah sie mit einem Blick an, der Sina Tränen in die Augen trieb und sagte mit schwacher Stimme: „Siehst du den Engel neben dir? Er holt mich ab und bringt mich nach Hause."

Sina sah erschrocken zur Seite, sah aber nichts und sagte sich, daß ihre Tochter im Fieber Trugbilder erblickte und sicherlich bald wieder gesund sein würde.

Aber noch bevor ihr Mann mit dem Arzt zurückkehrte, schloß Amila für immer ihre Augen.

Auf dem Friedhof eines abgelegenen Dorfes gibt es schon seit fast hundert Jahren ein Grab, das von der Marmorstatue eines jungen Mädchens geschmückt wird – eine Statue von einer solchen Schönheit, daß niemand sie betrachten kann, ohne von ihrem Zauber gebannt zu sein.

Auf ihrem Sockel steht geschrieben: „Hier ruht der Körper eines wundervollen Mädchens mit dem Herzen eines Engels. Ihre zarte Seele war eine Fremde in dieser Welt und ist in ihre Heimat zurückgekehrt."

VII.

Die Kraft der Weisheit

Gedanken

Die Frucht des Friedens

Frieden ist nicht
nur die Abwesenheit
von Kampf, Streit und Krieg,
sondern vor allem
die Anwesenheit
von Verständnis und Mitgefühl,
Sympathie und Harmonie.

Frieden ist eine Kunst,
die im Herzen
eines jeden Menschen
keimt und wächst
und deren Frucht
Liebesfähigkeit heißt.

INNERE WEISHEIT

Es gibt
eine Intelligenz in uns
jenseits der Verstandesgrenzen,
eine grenzenlose innere Weisheit,
die unser Leben erleuchtet,
wenn wir uns ihr anvertrauen.
Wir finden sie nur
in der unmittelbaren Gegenwart,
im Hier und Jetzt.
Sie ist immer da,
sie ist das wahre Leben.

DIE KRAFT DER WEISHEIT

Es liegt eine Kraft
in der Weisheit,
die uns hilft,
durch das Chaos
des Lebens zu gehen,
ohne selbst
chaotisch zu werden.

Zuständig

Ich bin zuständig
für meine Lebenszustände.
Ich bin verantwortlich
für meine Antworten
auf die Fragen des Lebens.

Kulissen können täuschen

An vielem,
das auf den ersten Blick
unscheinbar aussieht,
läßt sich etwas Wertvolles finden.
Kulissen geben oft nicht preis,
was sich hinter ihnen verbirgt.

Viele Chancen werden verpaßt,
weil sie nicht als solche
erkannt werden.

Verwirklichung

Es kommt darauf an,
sein Leben
zum Leben zu erwecken,
denn es ist nicht
eine automatische
Folge der Geburt.

Leben ist etwas,
das erst erreicht, erkannt,
verwirklicht werden muß.

Einfache Worte

Es ist nicht schwer,
mit imposanter Sprache
Unwesentliches zu sagen,
aber es ist eine Kunst,
mit einfachen Worten
echte Bedeutung zu schaffen.

SEELENRUHE

Innere Unruhe ist
der beste Nährboden
für Irrtümer, Illusionen
und Fehlentscheidungen.

In der Ruhe der Seele
fallen die Schleier,
stürzen die Fassaden ein –
und die Wahrheit wird
unübersehbar.

KEIN GRUND ZUR KLAGE

Müdigkeit, Mattheit,
ein Gefühl von Schwäche.
Warum darüber klagen?
Es ist gut so.

Laß dich fallen,
gib dich der Schwäche hin –
sie wird dir
neue Kraft geben.

Die Augen der Seele

Wer die Augen
seiner Seele
geschlossen hält,
geht an den
größten Chancen
seines Lebens vorbei,
ohne mit der
Wimper zu zucken.

Laute Worte

Wer sich
durch laute Worte
Gehör verschafft,
beweist damit die
Kraft seiner Stimmbänder,
nicht seiner Einsichten.

Weisheit

Weisheit hat immer
etwas Zurückhaltendes.
Sanft und leise
ist ihre Stimme.
Es liegt ihr nicht daran
zu überzeugen.
Sich selbst
in aller Reinheit zu schenken,
ist ihr Sinn.

Eine seltene Gabe

Weisheit ist eine seltene Gabe,
von Natur aus frei.
Sie läßt sich in
keinen Dienst stellen,
verschenkt sich,
wenn ihr danach ist,
erwartet keinen Lohn,
ist ihre eigene Belohnung.

Der Weg zur Seele

Wissen und Bildung
beweisen nur Belesenheit,
Fleiß und ein gutes Gedächtnis,
aber nicht unbedingt Intelligenz,
und schon gar nicht Weisheit.

Weisheit kommt nicht aus Büchern,
sondern aus der Seele –
aber Bücher können helfen,
den Weg zur Seele zu finden.

Weise Unvernunft

Es liegt eine Weisheit
in der Unvernunft,
die sich die Vernunft
nicht träumen läßt,
zumal sie nicht
träumen kann.

Priorität

Gefühle reagieren
oft allergisch gegen
die Berührung mit Worten.

Es ist viel wichtiger,
sie zu leben,
als sie zu benennen.

Behandlungsfolge

Wenn man
etwas Außergewöhnliches
wie etwas Normales behandelt,
kann man sicher sein,
daß es mit der Zeit
normal wird.

FINDERLOHN

Hinter den Kulissen
des Alltäglichen
sind kleine Wunder versteckt,
die auf glückliche Finder warten.

SELBSTBETRUG

Wenn du zu lange zögerst,
ins warme Wasser zu springen,
wird es kalt in der kühlen Luft
deiner Skepsis und Bedenken.

Und deine Ängste finden schließlich
ihre Bestätigung durch sich selbst.

IDEEN UND TRÄUME

Ideen sind immer nur
so gut wie die Menschen,
die sie in die Tat umsetzen.

Träume sind immer nur
so schön wie die Menschen,
die sie haben.

LICHT UND DUNKEL

Im Licht des Verstehens
ist jedes Wort hilfreich,
weil es Sinn in sich trägt.

Im Dunkel der Verwirrung
ist jedes Wort gefährlich,
weil es die Verwirrung
verschlimmern kann.

Gutes und Besseres

Manchmal muß man,
so schwer es auch fällt,
das Gute aufgeben,
um das Bessere
nicht zu verlieren.

Leere Lehren

Man lehrt uns zu denken,
aber nicht zu fühlen.
Man lehrt uns zu rechnen,
aber nicht zu schenken.
Man lehrt uns zu kämpfen,
aber nicht zu spielen.
Man lehrt uns zu reden,
aber nicht zu schweigen.

Man leert uns,
wenn wir uns nicht lehren,
uns nicht leeren zu lassen.

Dann erst

Manchmal wird dir
erst dann bewußt,
daß du etwas vermißt hast,
wenn dir jemand begegnet,
der es dir schenkt.

Träume

Träume öffnen Räume
in die Freiheit
langersehnter Gefühle.
Sie lenken unsere Schritte
auf den Weg zu
immer höheren Spielarten
der Freude am Leben.
Sie sind der
Glückskompaß des Herzens
bei der Wanderschaft
durch das Chaos der Welt.

D IE S PRACHE DER S EELE

Gemeinsames Schweigen
ist die kreativste Sprache.
Immer bringt es etwas hervor,
läßt etwas entstehen
oder bereits Entstandenes
fühlbar und wirksam werden.
Das Reden verdeckt so oft
die eigentlichen Verhältnisse,
das Schweigen entschleiert sie.

Es ist die Sprache der Seele.

F RIEDEN

Wirklicher Frieden
ist von Natur aus
schutzlos.

Geschützter Frieden
ist Angst vor Krieg.

Himmlisch

Über den Wolken
der Sprache gibt es
einen wunderbaren Himmel
des Schweigens,
den nur die Seele kennt,
die keine Angst
vor dem Fliegen hat.

Grosse Gedanken

Es ist wahr,
daß die großen Gedanken
aus dem Herzen kommen,
aber sie können
nur so groß sein
wie das Herz,
aus dem sie kommen.

SCHERZFALL?

Soldaten bezeichnen
den Krieg gern als Ernstfall.

Ist denn der Frieden
ein Scherzfall?

SEI GEISTESGEGENWÄRTIG

Laß dich nicht von
vorschnellen Urteilen verführen,
schränke deine Wahrnehmung nicht
mit dem besserwisserischen Blick
der Lebenserfahrung ein.

Sei geistesgegenwärtig!
Erlebe den Augenblick
mit offenem Herz
und wachen Sinnen,
damit du seine
wahre Bedeutung erkennst.

VIII.

Die Stimme der Seele

Ein Märchen

Die Stimme der Seele

Als Amiro spürte, daß seine Seele in der nächsten Nacht seinen Körper verlassen würde, bat er seine Enkeltochter Sumila, seinen vier besten Freunden zu sagen, daß der Tag des Abschieds gekommen sei.

Sumila, die ihren Großvater in den letzten Wochen seiner schwindenden Lebenskraft gepflegt hat, brach nach seinen Worten in Tränen aus, denn sie liebte ihn über alles.

Eine mächtige Welle der Traurigkeit überspülte ihr Herz und riß alle Zuversicht mit sich fort, die sie wie einen Schatz gehütet hatte. Immer aufs neue hatte sie gehofft, daß Amiro wieder von seiner Krankheit genesen und noch eine Weile, und sei es nur für ein Jahr, bei ihr bleiben würde.

Doch jetzt empfand sie nichts als tiefe Trauer und Verzweiflung, und eine trostlose Finsternis breitete sich in ihrer Seele aus.

Amiro winkte sie zu sich ans Bett heran, strich ihr sanft über das Haar und sagte: „Weine nicht, Sumila. Freue dich mit mir, daß meine Seele endlich die Last dieses müden, alten Körpers abwerfen kann, um in das Reich aufzusteigen, das ihre wahre Heimat ist. Ein Reich, gegen das alle Schönheiten dieser Welt sich ausnehmen wie Kerzenlichter im Sonnenschein. Ein Reich, wo Liebe und Frieden herrschen und wo ein Zauber auf mich wartet, von dem sich der Verstand keine Vorstellung machen kann. Heute nacht werde ich das Ziel meiner lebenslangen Sehnsucht erreichen. Also bitte weine nicht mehr, mein Mädchen. Freue dich mit mir."

Als Sumila durch den Schleier ihrer Tränen ihrem Großvater in die Augen sah und dort nichts als Erleichterung und Frieden entdeckte, zog sich die Traurigkeit nach und nach aus ihrem Herzen zurück. Und eine Stimme, die aus der Tiefe ihrer Seele kam, versprach ihr, daß der Geist ihres Großvaters nach seinem körperlichen Tod in ihr weiterleben würde. Diese Worte gaben ihr Trost und eine unverhoffte Gelassenheit, und ihr gelang ein kleines Lächeln.

„Ja, Sumila, entlasse mich lächelnd in die Heimat der Seele. Bitte meine Freunde Morato, Yoala, Tero und Nanya, mir keine Geschenke zu machen, ich kann sie ohnehin nicht mitnehmen. Sag ihnen, sie sollen die größten Sorgen und Fragen mitbringen, die ihnen auf dem Herzen liegen. Ich möchte ihnen ein letztes Mal helfen, wie ich es immer getan habe, wenn sie meinen Rat suchten. Sag ihnen, ich erwarte sie eine Stunde vor Sonnenuntergang."

Sumila nickte, küßte Amiro auf die Stirn und machte sich auf den Weg.

„Ihr wißt", sagte Amiro, als seine vier Freunde und Sumila an seinem Sterbebett saßen, „daß der Tod schon seit Wochen um mein Haus geht. Seine Schritte sind Tag für Tag näher gekommen. Gestern nacht ist er mir in einem Traum erschienen und hat mir offenbart, daß er mich heute nacht von meinem Körper befreien wird."

Das lange Schweigen, das seinen Worten folgte, endete mit Teros Frage: „Wie sah er aus, der Tod?"

Amiro lächelte. „Er sah aus wie eine menschliche Gestalt aus dichtem Nebel. Er strahlte Frieden und vollkommene Stille aus. Ich empfand rückhaltloses Vertrauen zu ihm und spürte, daß er mich sanft und sicher ins Land der Seele bringen wird. Deshalb sollt ihr nicht traurig sein."

Amiro ließ seinen Blick langsam über die Gesichter seiner Freunde gleiten.

„Das Schicksal hat mir in seiner manchmal bitteren Unergründlichkeit meine Frau und meinen Sohn genommen, aber es hat mir eine wunderbare Enkeltochter geschenkt, die ich über alle Maßen liebe. Und es hat mich zu euch geführt. Ihr wißt, wie schwer es ist, einen wirklichen Freund zu finden. Ich habe in euch gleich vier wahre Freunde gefunden und mich oft gefragt, womit ich dieses Glück verdient habe. Ihr seid mit den Jahren ein wertvoller Teil meines Lebens geworden. Worte können meine Freude und Dankbarkeit nicht ausdrücken."

Amiro schloß die Augen, als würde er tief in sich hineinhorchen, bevor er leise weitersprach: „Ich habe gelebt und bin nicht nur älter geworden, ich habe die Menschen geliebt, die es wert waren, und ich liebe sie immer noch. Ich habe die Dinge getan, die ich tun mußte, habe meinen Weg erkannt und bin ihn gegangen. Mein Geist ist frei, mein Herz ist jung geblieben. Ich habe mich von der Freude beflügeln und vom Leid nicht entmutigen lassen, habe meinen Verstand entfaltet, bin aber immer dem Rat meiner Seele gefolgt, über die selbst der Tod keine Macht hat … Heute ist der Tag gekommen, an dem wir Abschied nehmen müssen. Ich weiß, daß jeder von euch Sorgen und Fragen in seinem Herzen trägt, und ich möchte, daß ihr sie mir ein letztes Mal anvertraut. Ich war meiner Seele noch nie so nah wie heute, und wenn ich euch antworte, wird sie zu euch sprechen. Ihre Worte sollen mein Abschiedsgeschenk an euch sein."

Yoala brach das erneute Schweigen, das nach Amiros Worten den Raum erfüllt hatte. „Amiro, was ist die Seele?"

„Die Seele des Menschen, Yoala, ist ein Garten, in dem viele Arten von Blumen wachsen wollen und wachsen müssen, damit das Leben nicht eintönig und beengt wird. Wenn du deine Seele ernst nimmst, wirst du dich bemühen, sie in allen wesentlichen Bereichen zur Entfaltung, zur Blüte zu bringen. Denn wahrer Reichtum liegt in der Vielfalt."

Yoala nickte. „Und was sind die wesentlichen Bereiche des Lebens?"

„Laß mich fünf der wichtigsten nennen: Liebe, Freundschaft, Freude, Vertrauen und Weisheit."

„Du hast die Liebe zuerst genannt", ergriff Nanya das Wort. „Zweimal glaubte ich, sie gefunden zu haben, doch dann verlor ich sie, ohne zu wissen, ob es wirkliche Liebe gewesen war. Kannst du mir sagen, was Liebe ist?"

„Sie ist eine magische Kraft, die dich zu einem neuen, reicheren und besseren Menschen macht. Sie befreit dich aus dem Alltag und hebt dich ins Wunderbare, wo Traum und Wirklichkeit zu einem höheren Sinn verschmelzen, dessen Zauber dich mit unsagbarer Glückseligkeit erfüllt. Wer die Liebe nicht anbetet, hat noch nicht gelebt. Darum laß alles liegen und stehen und eile zur Tür, wenn sie anklopft."

„Worin", fragte Nanya, „liegt der Unterschied zwischen Liebe und Freundschaft?"

Amiro lächelte sanft. „Nanya, was ist Liebe wert, wenn sie nicht auch Freundschaft ist? Und was ist Freundschaft wert, wenn sie nicht auch Liebe ist? Freundschaft ist eine Form der Liebe und Liebe eine Form der Freundschaft. Liebende, die sich nicht wie Freunde behandeln, spielen mit ihrer Liebe. Und Freunde, die sich lieblos behandeln, setzen ihre Freundschaft aufs Spiel. Dabei gibt es nichts Wertvolleres zwischen uns als Liebe und Freundschaft."

Nanya nickte lächelnd.

„Amiro, wo verbirgt sich das wahre Leben?" wollte Tero wissen.

„In den Tiefen des Augenblicks, Tero. Jeder Augenblick, selbst der düsterste, hat eine Geheimtür, die ans Licht führt. Du findest sie nur, wenn du an sie glaubst. Du öffnest sie nur, wenn du an dich glaubst. Du gehst nur durch sie hindurch, wenn du an das Leben glaubst. Umarme die Gegenwart! Gehe ins Herz des Augenblicks! Und das Morgen wird zum Heute, das Irgendwo und Irgendwann wird zum Hier und

Jetzt – und das Wissen wird schließlich zur Weisheit."

Morato hatte dem Gespräch bislang nur gelauscht, doch nun konnte er nicht umhin, Amiro eine Frage zu stellen, die ihm auf dem Herzen lag. „Mich quält manchmal das Gefühl, einen bestimmten Menschen, den ich schon lange suche, noch nicht gefunden zu haben. Ich weiß, daß ich ihn an seiner Kostbarkeit erkennen werde. Doch wie erkenne ich seine Kostbarkeit?"

„Morato, du erkennst einen kostbaren Menschen daran, daß er sich ein reines Herz bewahrt und in allen Widrigkeiten und Enttäuschungen des Lebens nie sein inneres Kind im Stich gelassen hat. Er kann mit großen Augen staunen, sich begeistern, überschwenglich sein; er kann das Leben feiern, lächelnd im Augenblick aufgehen und den beglückenden Zauber der Liebe ausstrahlen. Er kann noch Wunder erleben, denn er hat seine seelische Unschuld nicht verloren, weil er von Anfang an gespürt hat, daß er damit sich selbst verlieren würde."

„Wenn ich einem solchen Menschen wirklich begegne, würde ich es kaum glauben können und mich vielleicht in Zweifeln verlieren."

„Zweifle nicht, Morato! Wenn du das Glück hast, einem wertvollen Menschen zu begegnen, schrecke ihn nicht dadurch von dir ab, daß du eine Grenze zwischen ihm und dir ziehst, in welcher Hinsicht auch immer. Denn wer möchte schon eine Landschaft erkunden, wo ihn gleich bei den ersten Schritten ein Zaun darauf hinweist, daß er es mit jemandem zu tun hat, der Angst vor einer offenen Begegnung hat? Sei mutig, sei grenzenlos, wenn dir der Mensch begegnet, den deine Seele sucht."

Und wieder entstand ein Schweigen im Raum, das den heiteren Gesang der Vögel in den Bäumen vor Amiros Haus durchs offene Fenster trug.

„Amiro", bat Nanya schließlich, „kannst du mir sagen, warum ich immer wieder das bittere Gefühl habe, daß mein Leben mir nicht schenkt, was ich mir von Herzen wünsche, und daß alle Mühe, die ich mir gebe, um meine Sehnsüchte zu erfüllen, vergeblich ist?"

„Gib nicht auf, Nanya! Übe dich in Geduld. Das Leben weiß, was du für deine Entwicklung brauchst, und es wird dir die nötige Hilfe geben. Vielleicht nicht so schnell, wie du dir wünschst, vielleicht auch in ganz anderer Weise, als du dir vorstellst. Aber solange du deine Hoffnung nicht aufgibst, wird das Leben dich nicht aufgeben."

„Ja – doch es ist schwer, die Hoffnung zu nähren, wenn man immer wieder enttäuscht wird."

„Ich weiß, Nanya. Aber begegne den Enttäuschungen mit der weisen Kraft der Gelassenheit. Gib nie den Mut auf! Suche das versteckte Gute in dem scheinbar Schlechten. Findest du es, wird es dich ins Bessere führen."

„Das klingt, als wäre es ganz einfach", sagte Nanya. „Aber wenn man tagtäglich mit Menschen zu tun hat, die einen nicht verstehen, die einem nicht zuhören und immer nur über sich selbst reden und an sich selbst denken, ist es sehr schwierig."

„Ich habe nicht behauptet, daß es einfach ist", erwiderte Amiro. „Menschen haben Fehler, der eine hat mehr, der andere weniger. Vollkommen ist niemand. Aber wir können uns gegenseitig helfen, weniger unvollkommen zu werden, indem wir anderen das schenken, was wir uns von ihnen wünschen. Wenn wir verstanden werden wollen, müssen wir versuchen zu verstehen. Suchen wir Geborgenheit, müssen wir Geborgenheit geben. Sehnen wir uns nach Nähe zu einem anderen Menschen, müssen wir uns ihm öffnen. Wollen wir, daß uns jemand gut zuhört, müssen wir verstehen, seinen Worten und dem Ungesagten zwischen seinen Worten zu lauschen. Und wenn wir nicht nur an uns selbst denken und über uns selbst reden, werden wir auch Menschen anziehen, die Besseres zu tun haben, als uns zum Spiegel ihrer Selbstverliebtheit herabzuwürdigen. Nur wer Glück verschenken will, lernt glückliche Menschen kennen. Wer mit seinem Herzen geizt, wird engherzige, unglückliche Menschen treffen."

Nanya nickte versonnen und ließ Amiros Worte tief in ihr Inneres sinken.

„Warum sind so viele Menschen unglücklich?" fragte Yoala.

„Das kann viele Gründe haben. Einer der häufigsten liegt darin, daß sie nicht so leben, wie sie leben sollen. Jeder

Mensch ist einzigartig und hat einen einzigartigen Lebensweg. Doch wenn er diesen Weg nicht geht, sondern aus Unsicherheit, Angst oder Bequemlichkeit in die Fußstapfen anderer tritt, wird er unglücklich. Unglück ist oft nur ein anderes Wort für das Verfehlen des eigenen Lebenssinnes. Sei so, wie du gemeint bist, laß dich nicht verbiegen, bleib deiner Seele treu – und das Glück wird dein Freund sein!"

„Woran erkennt man glückliche und unglückliche Menschen? Viele verbergen ihr Unglück aus Scham; und manche verstecken ihr Glück, um es vor Neid und Mißgunst zu schützen", sagte Yoala.

„Man kann sie leicht voneinander unterscheiden", antwortete Amiro. „Unglückliche fordern, Glückliche schenken. Unglückliche wollen besitzen, Glückliche möchten lieben. Unglückliche wollen bestimmen, Glückliche lassen dem Leben seinen Lauf. Unglückliche wollen Sicherheit, Glückliche suchen das Leben. Unglückliche laufen der Zeit hinterher, Glückliche gehen mit ihr Hand in Hand."

Yoala nickte lächelnd. „Wie kommt es nur, Amiro, daß ich immer wieder das Gefühl habe, daß das Leben selbst durch deinen Mund zu mir spricht?"

Amiro zuckte mit den Achseln. „Ich weiß es nicht, Yoala. Vielleicht, weil ich nie den Glauben an das Leben verloren habe, obwohl ich gute Gründe dafür gehabt hätte. Vielleicht, weil ich das Leben immer geliebt habe, trotz aller Schicksalsschläge, die ich hinnehmen mußte. Und wer muß sie nicht hinnehmen? Jeder Mensch wird vom Leben geschlagen, manchmal auch getreten, aber er darf nie vergessen, daß er auch vom Leben umarmt und geküßt wurde – oder noch werden kann. Solange du an das Leben glaubst, ist alles möglich."

„Die Menschen, die ich kenne, sind so unterschiedlich", ergriff Tero nach einer Weile gemeinsamen Schweigens erneut das Wort. „Manche wirken gleichgültig, andere sind ängstlich. Manche sind so ernst, als hätten sie das Lachen verlernt, andere wirken so bedrückt, als würden sie das Gewicht der ganzen Welt auf ihren Schultern tragen. Manche erscheinen mir so hilflos, so mutlos, andere bringen mich mit ihren Lügen zur Verzweiflung. Wie kann ich ihnen allen nur gerecht werden?"

„Sei freundlich zu den Gleichgültigen, und du wirst sehen, daß deine Freundlichkeit sie ansteckt. Sei herzlich zu den Ängstlichen, und du wirst merken, daß deine Herzlichkeit ihnen Mut macht. Gehe fröhlich mit den allzu Ernsten um, und du wirst feststellen, daß deine Fröhlichkeit sie aufheitert. Schenke den Bedrückten Zuversicht, und du wirst spüren, daß ihr Gemüt sich aufhellt. Hilf den Hilflosen, ermutige die Mutlosen und versuche, die Lügner zu verstehen, bevor du sie verurteilst."

Tero nickte. „Ich will mein Bestes geben, aber ich frage mich, ob meine Kräfte ausreichen werden."

„Sie werden ausreichen, wenn du sie nicht vergeudest. Gib den Menschen nicht mehr, als sie verdienen. Sei geduldig, aber nicht zu denen, die deine Geduld nur ausnutzen. Sei großzügig, aber nicht zu denen, die deine Großzügigkeit mit Geiz erwidern. Offenbare deine Gefühle, aber nicht jenen, die bloß mit ihnen spielen. Gieße das Wasser deines Lebens nicht in Fässer ohne Boden. Gieße es auf die Erde, in der die Blumen des Herzens wachsen."

Nun wandte Morato, der Jüngste in der Runde, sich erneut an Amiro: „Wie kann ich mein zukünftiges Leben möglichst sinnvoll gestalten?"

„Entfalte deine Begabungen und Tugenden und vermindere deine Mängel und Schwächen", empfahl Amiro ihm. „Werde von Jahr zu Jahr ein immer besserer Mensch, und du wirst immer besseren Menschen begegnen. Gib mehr Gutes, und du wirst mehr Gutes empfangen. Schenke mehr Freude, und du wirst mehr Freude erleben. Sie ist eine Kraft, die sich vermehrt, wenn man sie verschwendet. Das Leben ist kurz, Morato, auch wenn es dir noch nicht bewußt sein mag. Und wie viel kostbare Zeit und Kraft gehen verloren durch die Anhäufung hohler Gespräche, überflüssigen Wissens, sinnloser Kämpfe und vergeblicher Mühe! Doch es ist nie zu spät, sich der Kostbarkeit seiner verbleibenden Lebenszeit bewußt zu werden, sie sinnvoller, reichhaltiger zu gestalten und mit guten Gesprächen, schönen Empfindungen und wertvollen Begegnungen zu füllen. Je mehr Raum du dem Lebenswerten in dir gibst, desto weniger Macht haben die Kräfte, die dich verführen, deine Zeit zu vergeuden."

In diesem Moment strahlte das Licht der untergehenden

Sonne einen ganz besonderen Frieden aus und erfüllte den Raum.

„Seid wie die Sonne!" riet Amiro seinen Freunden. „Gebt den Menschen Licht und Wärme, schenkt ihnen Vertrauen und Liebe. Seid euer eigenes Licht. Und versucht, euer Licht in das Leben anderer Menschen zu bringen. Gebt ihnen das, was ihr gern von ihnen empfangen möchtet."

Nanya runzelte die Stirn. „Ich möchte ja vertrauen und lieben, aber ich bin schon so bitter enttäuscht worden, daß ich nicht weiß, ob ich mich noch einmal wirklich öffnen kann."

„Nanya, wir alle sind gebrannte Kinder. Wir alle wurden schon enttäuscht und verletzt. Viele werden deshalb ängstlich und verschließen sich. Doch das ist falsch, denn dem Verängstigten und Verschlossenen begegnet nichts mehr, was ihm helfen kann. Sein Herz ist umzäunt, seine Seele eingemauert. Er läuft Gefahr, innerlich abzusterben. Deshalb kommt es darauf an, offen und lebendig zu bleiben und die Hoffnung nicht zu verlieren. Sei immer darauf gefaßt, einem Menschen zu begegnen, der dir so viel Gutes gibt, daß er dich damit für all deine Enttäuschungen entschädigt."

„Aber es ist schwer zu hoffen, wenn Zweifel und Ängste die Seele verdunkeln."

„Ja, Nanya, es ist schwer, aber nicht unmöglich. Siehst du nicht die versteckte Sehnsucht in den Augen der Menschen, ihren Hunger nach Liebe, nach Freundschaft, nach Zärtlichkeit und Nähe? Diesen Hunger teilen wir alle miteinander. Doch die Nahrung, die ihn stillen könnte, enthalten wir uns vor, denn wir fürchten, verletzt zu werden, wenn wir uns füreinander öffnen, um uns zu geben, was wir so dringend brauchen. Doch wenn unser Leben reicher und schöner werden soll, müssen wir unsere Zweifel und Ängste überwinden und mehr Offenheit wagen."

„Ja", sagte Nanya, „ich spüre, daß du recht hast – und werde mir deine Worte zu Herzen nehmen."

Daraufhin wandte sich Morato ein weiteres Mal an Amiro: „Wem soll ich bei wesentlichen Entscheidungen mehr vertrauen, meiner Eingebung oder meinem Verstand?"

Wie alle vorherigen Antworten kam auch diesmal Amiros Rat ohne Zögern: „Vertraue deiner Eingebung, nicht deinem Verstand, wenn es um wesentliche Entscheidungen geht. Deine Eingebung ist deine innere Führerin, die am besten weiß, was für dich gut und schlecht ist, woran du festhalten und was du aufgeben solltest. Ihre Stimme hörst du nicht im Alltagslärm, denn sie ist von Natur aus leise. Darum ziehe dich an einen stillen Ort zurück, wenn du ihren Rat suchst. Und zweifle nie an dem, was sie dir sagt, sonst zweifelst du an deiner eigenen Seele."

„Und wann soll ich meinen Verstand gebrauchen?"

„Benutze deinen Verstand in den Dingen des alltäglichen Lebens, Morato, aber lasse dich nie von ihm benutzen. Er ist ein guter Diener, der gern ein schlechter Meister sein möchte. Folge seinen Ratschlägen in den Lebenslagen, die er verstehen kann. Aber höre nicht auf ihn, wenn er sich in Bereiche einmischt, die ihm wesensfremd sind – Bereiche des Herzens und der Seele. Erwarte von ihm keine verläßlichen Antworten auf die tiefsten Fragen des Lebens. Er wird dir vorgaukeln, daß er den Weg weiß, aber er tappt im dunkeln und wird dich in die Irre führen."

„Eine letzte Frage habe ich noch an dich", sagte Tero zu Amiro. „Ist es wichtig, sich ein Ziel in seinem Leben zu setzen und es geradlinig zu verfolgen, oder ist die Reise das eigentliche Ziel?"

Amiro lächelte. „Tero, welchen Sinn hat es, mit starr nach vorn gerichtetem Blick durch die Landschaften des Lebens zu gehen, immer ein Ziel vor Augen, das es auf kürzestem Weg zu erreichen gilt, und dabei Blumen zu zertreten, ohne es zu merken? Wenn du das Leben wirklich erkennen willst, schaue immer wieder nach links und rechts, nach oben und nach unten. Bleibe auch öfter stehen, um einen schönen Augenblick oder Anblick mit allen Sinnen zu genießen. Laß dich von deinen Eingebungen und Stimmungen führen und achte nicht auf die Geradlinigkeit deiner Schritte. Versuche einfach, deinen Weg dem Fluß des Lebens anzupassen. Solange du dir selbst nahe bleibst, wirst du dich nicht verirren. Ja, das möchte ich euch allen ans Herz legen: Bleibt euch selbst nahe, verliert nie die Verbindung zu eurem inneren Licht, das den dunkelsten Stunden ihren Schrecken nimmt."

„Die Stunden, die ich mit dir verbracht habe, gehören für mich zu den wertvollsten meines Lebens", sagte Yoala und sprach damit allen im Raum aus der Seele. „Du warst für mich immer ein leuchtendes Vorbild, ein Licht in der Finsternis dieser Welt, du warst ein Freund, wie ihn sich jeder Suchende wünscht. Du hast die Weisheit nicht nur geliebt, du hast sie auch gelebt. Wenn du nun auf die Erfahrungen und Einsichten deines Lebens zurückblickst, was erscheint dir als deine wertvollste, deine wichtigste Erkenntnis?"

„Du hast sie gerade benannt, Yoala! Es genügt nicht, die Weisheit zu lieben, du mußt sie auch leben, sonst ist sie wie ein Saatkorn, das nicht in die Erde gelegt wird, sonst schläft sie in dir als bloße Möglichkeit und kann nicht zu ihrer Blüte erwachen. Ihr müßt leben, was ihr erkannt habt. Ihr müßt sein, was ihr verstanden habt. Laßt eure Seelen sprechen, wenn ihr redet und wenn ihr schweigt. Nur so könnt ihr euch zum Licht bewegen, nur so könnt ihr andere Menschen bewegen und ihnen helfen, ihr Leben seinem höchsten Sinn zu widmen."

Yoala kämpfte mit den Tränen. „Amiro, du hast uns allen immer so viel geschenkt, und wir konnten dir so wenig dafür geben, obwohl wir es so gern gekonnt hätten. Und selbst jetzt, in deinen letzten Stunden, schenkst du uns so viel Wertvolles, ohne an dich zu denken. Wie oft hat deine Selbstlosigkeit uns beschämt! Können wir dir nicht etwas geben, was dir auf dem Weg in die Heimat deiner Seele eine gute Begleitung sein kann?"

Amiro nickte sanft. „Ja, das könnt ihr. Macht bitte nicht so traurige Gesichter! Schenkt mir ein Lächeln, wenn ihr geht."

Als seine Freunde sich von Amiro verabschiedet hatten, bat er seine Enkeltochter, sich zu ihm aufs Bett zu setzen, und nahm ihre Hand.

„Sumila, seit deiner Geburt warst du die Sonne meines Lebens. Du hast mir geholfen, den Verlust meiner Frau und meines Sohnes hinzunehmen, ohne an meinem Schicksal zu verzweifeln. Ich habe dich zu einer jungen Frau heranreifen sehen, deren Wesen nicht schöner sein könnte. Ich kann leichten Herzens gehen, weil ich weiß, daß du dein Leben meistern wirst. Wenn du Hilfe brauchst, wirst du sie bei meinen Freunden finden."

Sumila streichelte Amiros Hand. „Und wenn ich deine Hilfe brauche?"

„Dann lausche ganz tief in dich hinein, mein Mädchen, und du wirst meine Stimme hören. Wo ich auch sein werde, ich werde immer für dich da sein. Das verspreche ich dir."

Sumila sah ihrem Großvater lange in die Augen, bis der vollkommene Frieden in seinem Blick ihr ganzes Wesen erfüllte.

IX.

IM LICHT DES VERSTEHENS

Gedichte

Vergesslichkeit

Manchmal wünsche ich mir
ein Haus mit Zauberwänden,
in das die Welt nicht dringt
mit ihrem seelenlosen Unverständnis,
wo ich nichts von ihr
sehe, höre, spüre,
wo ich allein bin
und mich ganz öffnen kann
dem Leben, das ich meine,
wo nichts mich behindert
und niemand mich stört,
wo jeder Atemzug mir gehört
und alles nach
meiner Willenlosigkeit geht.

Manchmal vergesse ich,
daß dieses Haus in mir steht.

Seiltanz

Das magische Lebensgefühl
als beständiger Zustand –
das wäre ein Lebensziel!

Sich unentwegt vom Leben
verzaubert zu fühlen –
welch ein Seiltanz,
welch faszinierendes Spiel
um Glück und Schönheit:
ein wahrer Zeitvertreib
mit Aussicht auf Ewigkeit.

Die Tänzerin

Meine indonesische Holzstatue
stellt eine Frau dar,
die im Rachen eines
feuerspeienden Dämons tanzt –
voller Anmut, ohne Angst.
Ihr schönes Gesicht spiegelt
Verzückung, Geheimnis, Trance.

So wie diese Frau
im Rachen des Dämons tanzt,
muß tanzen können,
wer auf dieser Welt
glücklich sein will.

DIE KUNST DES VERGESSENS

Vergiß die guten
und die schlechten Träume
der letzten Nacht.
Vergiß den letzten Tag,
wie schön oder mißlungen
er auch war.
Vergiß die letzte Woche,
den letzten Monat,
das letzte Jahr –
es ist alles vorbei!

Und fang
den neuen Morgen an
wie ein Kind,
für das nur zählt,
was hier und jetzt geschieht.

Mach dein Bewußtsein
nicht zu einem Museum
von Erinnerungen;
laß es sein
wie eine Tafel –
und benutze
oft den Schwamm.

Übe dich in der
Kunst des Vergessens –
doch vergiß eins nicht:
Dein Leben lebt nur
gegenwärtig.

Frei sein

Ich mag keine Musik,
die mir nicht aus dem Kopf geht.
Ich mag kein Gedicht,
das sich nicht vergessen läßt.
Ich mag keine Träume,
denen man nachlaufen muß.
Ich mag frei sein.
In mir soll Leere sein,
wenn hoher Besuch eintritt –
nur Leere lädt Erfüllung ein.

Ich höre nicht auf Menschen,
die nicht schweigend sprechen können.
Ich halte mich von Uhren fern,
denn sie verleugnen die Gegenwart.
Ich halte nichts von Gedanken,
die sich für unentbehrlich halten.
Ich halte es mit dem Freisein.

Ich will nichts tun müssen,
was meinem Herzen nicht gefällt,
nicht Lebendigkeit einbüßen
an die Wirklichkeit der Welt.

Ich will frei sein.
Ich will dabei sein,
wenn Leben passiert.
Ich will ganz hingegeben sein,
wenn es mich berührt –
so wie es unter Liebenden geschieht.

Ist es nicht Zeit?

Wenn alle sich
auf die Wirklichkeit einstellen –
wer soll sie verändern?

Ist es nicht Zeit,
die Türen zu entriegeln,
hinter denen wir nur sicher sind
vor unseren größten Chancen,
schutzinhaftiert in den Wänden
lebenslänglicher Weltklugheit?

Wie viele innere Gefängnisse
stehen am Ende von Sackgassen –
Mahnmale aufgegebener Suche,
stolz wie Prunkvillen,
leblos, lieblos, scharf bewacht.

Wie kann ein Weg,
der vor einer Mauer endet,
nur der letzte gewesen sein!

Harte Zeiten

Kaum eine Wiese ist jetzt noch
voller versteckter Ostereier;
dafür sind die Zeiten hartgekocht,
wenn auch nicht gerade bunt.

Gute Gefühle verschwinden spurlos,
die unzähligen Vermißtenanzeigen
will niemand bearbeiten.
Illusionen werden ohne Warnung
auf offener Straße erschossen –
es herrscht Krieg
zwischen Sehnsucht und Wirklichkeit.

Träume sind vogelfrei –
und nur ihres Lebens sicher,
solange sie höher fliegen,
als die Realität schießen kann.

Hoffnung

Das Leben ist heute
nicht so schön,
wie es im Grunde ist,
weil ich nicht tief
genug darin stecke.

So will ich mich beschweren
über meine Leichtfertigkeit
und hoffen,
daß ich gründlich sinke.

Abenteuer Poesie

Schreiben ohne Zweck und Absicht,
Bleiben im Mitgehen,
Offenstehen im Verstehen.

Worte zu sich finden lassen,
ganz nach ihrer Lust und Laune,
sich zu ihrem Diener machen,
ihren Wünschen entsprechen.

Lauschen in die Stille
ungedachten Sinnes,
Warten ohne Zeitgefühl,
sich vergessen im Finden
von Wortschätzen –
und Entdecktes teilen.

Ureigene Wege
durch die Sprache gehen,
mit wenigen Sätzen
weit gelangen,
in Siebenmeilenstiefeln
der Phantasie
Raum gewinnen
für das Abenteuer
Poesie.

LEBENDIGE WORTE

Lebendige Worte
sind Saatgut
für den Boden
innerer Offenheit.
Sie fallen unauffällig
und keimen im Verborgenen.
Im Licht des Verstehens
wachsen sie
ihrem Ursprung entgegen.

Eine Form von Armut

Ist das eine neue Welle,
auf der du reitest –
oder nur die alte Verschlossenheit,
mit der sich Menschen
seit eh und je zu Fremden machen?

Hast du kein Lächeln zu verschenken,
kein warmes Wort,
keinen freundlichen Blick?
Ich kann nicht glauben,
daß du so arm bist –
oder tust du nur so,
ist das dein Stil,
mit dem du deine
Angst vor Offenheit
zur Mode machst?

Glaub mir, so eine Angst
ist eine Form von Armut.
Sie tut niemandem gut
und hält am Ende nicht,
was sie verspricht,
hält nur dein Herz zurück
von seinem maßlosen Reichtum –
seinem natürlichen Glück.

VIELLEICHT EINE ANTWORT

Was soll ich dir sagen,
wenn du mich fragst,
warum so viele Menschen
arm an Liebe sind,
warum so wenig Schönheit
in unseren Städten wohnt,
warum so viele Träume
unter die Räder kommen
auf den Straßen der Realität?

Vielleicht, daß man Stärke braucht,
daß ohne Optimismus, ohne Hoffnung
kein neuer Anfang gelingen kann –
und daß Träume erst verloren sind,
wenn man sie aufgegeben hat.
Vielleicht auch, daß es
an jedem Einzelnen liegt,
was er aus seinem Leben macht
und machen läßt.

Worte machen das Herz nicht satt,
doch es schlägt nur noch aus Gewohnheit,
wenn es die Sehnsucht nach
dem Wunderbaren verloren hat.

Der freie Himmel

Alles wieder
zu sich finden lassen,
was sich verloren hat.

Alles wieder
zu sich kommen lassen,
was von sich gegangen ist.

Alles wieder sehen,
was schon zu lange
im Alltagsnebel verborgen liegt.

Den freien Blick
in den Himmel
der Gefühle zurückgewinnen,
den der Verstand
lange genug überdacht hat.

Entrüstet euch

Die Rüstung Angst umschließt
panzergleich inneres Leben,
um vor Verletzungen zu schützen,
doch in ihr stirbt Lebendigkeit
an Atemnot und mangelnder
Bewegungsfreiheit.

Was ist zu halten
von einer Vorbeugung,
die den Patienten abtötet,
um ihn zu behüten?

Ist es nicht Zeit,
sich zu entrüsten
und Wege freizulegen,
auf die sich schutzlos
wagen kann, was nur
im Offenstehen
überhaupt besteht?

Magische Momente

Magische Momente –
wie sehr ich für euch lebe:
Wenn die Zeit sich vergißt
und das Sein klare Antwort
und Geheimnis zugleich ist,
überwältigend unfaßbar
und doch zum Greifen nah –
dann bin ich angekommen,
vom reinen Leben angenommen.

Zusammenhänge

Ich traf einen peruanischen Indio
mit dem Namen Jesus Azul
am Cap de Formentor.
Sein Haar war lang und schwarz
wie die Federn der Raben.
Er verkaufte Schmuck
und Glücksbringer an die Touristen
und empfahl mir,
nach Südamerika zu reisen,
nach Peru, Bolivien,
nach Ecuador und Brasilien,
es gäbe dort viel zu erleben,
und das Reisen sei billig.
Ich kaufte ihm ein Stoffetui
mit einem aufgestickten Halbmond
und einem Stern ab.
Beim Abschied gaben wir uns die Hand,
und er nannte mich „amigo".

Später am Strand
fand ich einen Kieselstein,
in den ich mich verliebte –
mit der Form des
südamerikanischen Kontinents.

Noch später, gegen Mitternacht,
als ich zum Halbmond aufsah,
entdeckte ich einen Stern
in seiner Nähe –

und die Zeit sank tief
in das Meer meines Blickes.

Wenn Worte überflüssig werden

Wenn Worte überflüssig werden,
weil der Augenblick
bis an den Rand
mit Sinn gefüllt ist,

beginnt das Leben
unwiderstehlich
von sich zu erzählen
und führt uns
mitten hinein in
faszinierende Geschichten –

wenn wir nur lauschen.

Textverzeichnis

TEXTVERZEICHNIS

GEDICHTE

Entlastungsvorschlag	7	Ein traumhafter Abgang	91
Fall nicht	8	Grenzen vergessen	92
Morgenlied	10	Innere Stille	93
Überlegungen	11	Spät kommst du	94
Vom Suchen und Finden	12	Das Baumgedicht	95
Gib gut auf deine Träume acht	13	Maigedicht	96
Schönwetterworte	14	Infektion	98
Ausgesperrt	15	Descartes und ich	99
Die Angst vorm Fliegen	16	Zuversicht	100
Lernziel	17	Vergeßlichkeit	157
Fragen	18	Seiltanz	158
Zauber ist überall	20	Die Tänzerin	159
Oasen der Erinnerung	21	Die Kunst des Vergessens	160
Ich habe einen Traum gepflanzt	22	Frei sein	162
In den Dünen	83	Ist es nicht Zeit?	164
Bestechungsaffäre	84	Harte Zeiten	165
Wenn Engel Adressen hätten	85	Hoffnung	166
Mein Herz ist ein Kind	86	Abenteuer Poesie	167
Unbeschreiblicher Abendhimmel	87	Lebendige Worte	168
Jetzt möchte ich singen	88	Eine Form von Armut	169
Uhrenvergleich	90	Vielleicht eine Antwort	170

Der freie Himmel	171	Zusammenhänge	174
Entrüstet euch	172	Wenn Worte	
Magische Momente	173	überflüssig werden	176

Märchen

Der unsichtbare Berg	25	Das Herz eines Engels	101
Der gefundene Schatz	65	Die Stimme der Seele	137

Gedanken

Das eigentliche Leben	47	Offen sein	55
Das Wesentliche	48	Wünsche	56
Einfach natürlich	48	Fehlerbehandlung	56
Sei leicht	49	Verwandlungskünste	57
Teile weise	50	Das Leichtere	58
Vertrauen und Kontrolle	50	Eine kleine Frage	59
Die richtige Dosis	51	Fragwürdige Liebe	59
Skepsis	51	Was du bist	60
Mitverantwortung	52	Vorsicht!	60
Nimm dir Zeit	53	Recht auf Freiheit	61
Wer in sich ruht	54	Ein Muß	62

Die wichtigen Dinge	63	Weise Unvernunft	128
Kein Hindernis	63	Priorität	129
Wenn mehr Poesie wäre	64	Behandlungsfolge	129
Prinzip	64	Finderlohn	130
Die Frucht des Friedens	121	Selbstbetrug	130
Innere Weisheit	122	Ideen und Träume	131
Die Kraft der Weisheit	122	Licht und Dunkel	131
Zuständig	123	Gutes und Besseres	132
Kulissen können täuschen	123	Leere Lehren	132
Verwirklichung	124	Dann erst	133
Einfache Worte	124	Träume	133
Seelenruhe	125	Die Sprache der Seele	134
Kein Grund zur Klage	125	Frieden	134
Die Augen der Seele	126	Himmlisch	135
Laute Worte	126	Große Gedanken	135
Weisheit	127	Scherzfall?	136
Eine seltene Gabe	127	Sei geistesgegenwärtig	136
Der Weg zur Seele	128		

Der Autor

Der Autor

Hans Kruppa ist einer der meistgelesenen deutschen Dichter und Erzähler. Seine Gedichte und Märchen, Aphorismen und Kurzgeschichten, Erzählungen und Romane hat er in mehr als hundert Büchern mit einer Gesamtauflage von über zwei Millionen Exemplaren veröffentlicht. Einige seiner Bücher erschienen in anderen Sprachen. Für sein schriftstellerisches Werk wurde er mit dem New Yorker Otto-Mainzer-Preis ausgezeichnet. Er lebt als freier Schriftsteller in Bremen.

„Schreiben ist für mich Berufung und Beruf, Leidenschaft und Abenteuer, Schaffensfreude und Erkenntnisfindung. Es ist ein Teil meines Lebens und meiner Lebensqualität. Alles, was ich liebe, was mich fasziniert, betrifft und berührt, was mich vor Fragen stellt und nach Antworten verlangt, fließt früher oder später in meine Bücher. Daß sie so viele Menschen inspirieren, erfüllt mich mit Freude."
Hans Kruppa

Mehr Informationen: www.hans-kruppa.de